新潮文庫

礼儀作法入門

山口瞳著

まえがき

私は礼儀正しい人間ではない。むしろ無頼漢《ぶらいかん》にちかいと自分でそう思う。また、礼儀作法について知るところの極めて少ない人間である。私は原稿を書くときは寝間着《ねまき》で書くが、玄関に来客のあるときは、そのままの姿で出ていってしまうという男である。

ただし、私は、礼儀作法というか、生活上のキマリというか、そういうことについては大いに関心があり、興味があるといっていいと思う。たとえば、靴下は右足と左足とどちらから先にはくべきかと考えたりすることがある。

五年ぐらい前に、高橋義孝《たかはしよしたか》先生から、二時間余にわたって、エチケットについての話をうかがうという機会があった。また、私は、先生の家に三十年間にわたって出入りしている者であるが、先生の日常茶飯《さはん》についての考え方を多くの人に知ってもらいたいと考えつづけてきた。だから、この書物には、やたらに先生のお名前が出てくることになる。

さらに、私は、礼儀作法、マナー、エチケットなどに関する内外の書物を読んだ。その多くは無味乾燥であって、得るところが少なかった。それがいけないというのではなくて、私がこの書物で書こうとしたこととは種類と内容が違うのである。いままでの多くの礼儀作法の書物が教科書であるとすれば、私の書いたのは副読本である。あるいは参考読物である。もっと言えば、礼儀正しくしようとして悪戦苦闘する男の苦心談と失敗談である。繰りかえすが、私一箇は礼節の人ではない。したがって気楽に読んでいただきたい。

私は、結婚式や葬式という重大な儀式をふくめて、日常茶飯のことについて、私の知るかぎりのことを、思いつくままに、あらいざらい書いてみた。病気見舞の項で電話の話が出てきたり、卒業式の話が洋服の話になったりするように、項目にとらわれないで書いた。また、だから、いままで何かに書いたことと重複する部分があっても仕方がないとも思った。

この書物は、第二部の「礼儀作法入門」のうちのお好きな項目からバラバラに読んでいただきたい。私は、項目が不備であることや順序の不統一を少しも意に介さなかった。それから、もしおヒマがあったら第一部も読んでいただきたいと思っている。

昭和五十年十月二十七日

山《やま》口《ぐち》瞳《ひとみ》

目次

まえがき

第一部　礼儀作法とは何か

第二部　礼儀作法入門

礼儀作法入門

第一部　礼儀作法とは何か

1 まず健康であらねばならぬ

行儀とはキマリ、法則である

礼儀作法とは何だろうか。わかっているようでいて、こんなにわからないことはない。

たとえば、小学生に、礼儀作法とは何でしょうかと質問したとする。彼は、ハイ、お行儀をよくすることですと答えるかもしれない。しからば、お行儀をよくするとは、どういうことだろうか。

すると、小学生は、朝起きて人に会ったときは、お早うございますと言い、食事のときは、いただきますと言う、それがお行儀だと答えるような気がする。これがひとつの解答だと思う。

しかし、食事のときにイタダキマスという、そのイタダキマスは誰に対して言うのか。彼《かれ》の小学生は、それは、米なり味噌《みそ》なり肉なり野菜なりを買う金を得てきた父に対してであり、それを料理してくれた母に対してであると答えるだろう。それは一応は正しい。

これをさらに意地悪く追及して、その父は、祖父の財産をなしくずしに使っているだけであり、自分はまったく稼ぎがなく、その母の料理は実にイケゾンザイであり投げやりであったとする。それでも小学生はイタダキマスと言うだろうか。——私は、言うと思う。

そうすると、行儀とか礼儀作法というものは、実体のないもの、むなしいもの、ソラゾラシイもの、ということになってしまう。私は、そういうものだと思う。礼儀作法とは、ソラゾラシイものである。

行儀の儀とは、方式であり、儀式であり、キマリであり、法則である。つまり、キマリを知っていて、これを行なうことが行儀であり、礼儀作法である。

それでは、できるだけ多くのキマリを知っていて、これを実行する人は礼儀作法に適《かな》った人と言えるだろうか。そうはいかない。キマリがあり、これを実行するだけで万事解決ということにはならない。『エチケット読本』の著者はすべて礼節の人かというと、そういうわけにはまいらぬ。キマリを知ることは、礼儀作法における、ひとつの側面であるにすぎない。

「他人に迷惑をかけない」という意味

礼儀作法とは何か。もう一度、振り出しにもどって考えてみるときに、私には、どうしても「他人に迷惑をかけない」という一条が浮かびあがってくる。

「他人に迷惑をかけない」というときに、いろいろの事態が考えられるが、これを突きつめてゆけば、あるいは、その最大なるものは「健康」ではないかと思われる。健康であることは、自分のためであり、他人のためである。

何月何日に誰某と食事をする約束をしたとする。ところが前日に友人と会って、ついつい飲みすぎてしまった。頭はぼんやりしている。顔色は冴《さ》えない。

「いやあ、すみません。これこれこうで、今夜は一滴も飲めません。酒を見るのも厭《いや》だ。喰い物を見るだけで吐き気がする」

こんなことを言ったとしたら、これほど不作法なことはない。健康に留意するということは、他人との交際において不可欠のものである。(私がそういう人間だというのではない)

十年前、いまの世のなかにおける見合結婚を小説にしようと思い、そのことに積極的であるところの、いわゆる上流階級の夫人たちに会うことがあった。私は、彼女たちが、

まず健康であること

いかにも健康そうで、肌の艶《つや》がよく、挙措動作がイキイキとしていることに驚いたり感心したりした。それは、まことにいい感じであった。上流階級の人で、生活の心配がなく、うまいものばかりを食べているからだと考える人がいるかもしれないが、そんなことはない。いい暮らしをしていて不健康な人はいくらでもいる。寝不足で不貞腐《ふてくさ》れたような女ほど不愉快なものはない。私は女はよく眠るべきだと思う。

パーティーなどで、よく、こんな会話をしている人がいる。

「ちかごろ、お元気ですか」

「それが、どうも、胃腸の具合がわるくて、腹は痛むし、ゲップは出るし……」

「私は先月末まで痔《じ》の手術で入院していまして、痔瘻《じろう》ですが、痛いし、ウミは出るし」

こんな会話は欧米人の間では絶対に考えられないことである。そんな状態ならパーティーに出るべきではない。

かりに、目上の人と会う約束をしたら、一週間ぐらい前から健康に留意し、風邪もひかないように用心すべきだと思う。

私は、むろん、それがすべてだとは思わないが、エチケットの基本は健康にありと思うようになったのは、以上のような事柄を経験し、それについて考えてみたからである。

歯槽膿漏《しそうのうろう》で口臭がある。歯医者へ通ってそれを治療するのは、自分のためであり、他人のためである。そこに礼儀作法の根底があるように思う。健康であれば、かなりのところまで、不作法をカバーできるのではないか。

先輩がアイガモ料理をご馳走《ちそう》してくれたことがある。ところが、その前夜に、突然、歯が痛くなり、顔の右半面が脹《は》れあがってしまった。しかし、先輩に友人を紹介する約束になっていたので、行かないわけにいかない。アイガモ専門店だから、歯が痛くて、刺身も鍋《なべ》も食べられない。酒も飲めない。先輩と友人が心配する。また、先輩とすれば、せっかく奢《おご》ってやったのに、飲まない、食べない、ふくれっ面《つら》をしているではおもしろくないに違いない。突然の歯痛は不慮の出来事であるかもしれないが、私にしても、いつかはその歯が痛みだすという予感があったのである。まことに申しわけないことをしてしまった。

会社員の場合にしても同じことだ。私は、若い社員に、風邪をひいたらすぐ会社を休めと言っている。腹が痛かったら、すぐ早退しろと言う。無理してがんばることはない。風邪をこじらせて、肺炎になったり、肋膜《ろくまく》になったりして長期欠勤すれば、会社は非常に迷惑する。共同で仕事をしている仲間が迷惑する。風邪をこじらせないというのは、社員としてのエチケットに属することだと思う。このように、私は礼儀作法の根本には、健康ということが大きくわだかまっていると思う。

「身体髪膚《しんたいはっぷ》これを父母に受く。敢《あえ》て毀傷《きしょう》せざるは孝の始めなり」というが、この孝のところに礼儀作法、もしくはエチケットを置いてみてもいいように思う。

それならば、健康人とは、すべて礼儀正しい人であり、作法に適った人であるかというと、そういうわけのものでもない。

そのことを考えるまえに、外国人と日本人との差異についての話をしよう。

2 外国人と日本人

「悪びれず堂々と」がマナーの大原則

われわれ日本人からすると、外国人は、すべて、エチケットの人であり、マナーの人である。日本人は、この点になると、まるで駄目だ。言ってみれば、まるで田舎者である。

つい最近の出来事であるが、ホテルに泊まっていて、一階の食堂へ行こうとしてエレベーターの前に立っていると、中年の外国人夫婦がやってきた。私はエレベーターの正面に立っていたのであるが、一歩さがった。相手は女連れであるからだ。すると、夫人は前へ出て、つまり、私が立っていた位置に立った。やがて、扉が開いた。夫人が乗った。彼女の夫は私に、どうぞと言った。私が乗る。ついで夫が乗る。夫人が、私に、何階まで降りるのかと訊《き》いた。私は一階と答え、夫人がボタンを押した。一階に到着し、夫人が降りた。私は夫に、どうぞと言い、彼はサンキュウと言って出ていった。次に私が箱の外へ出た。

なんでもないことのようであるが、これが日本人同士であると、こうはいかない。まず、夫人が一歩前へ出て、エレベーターの正面に立つということができない。この場合、当然のことのようにして前に出るということが肝腎《かんじん》なのであって、悪びれてしまうと型なしになる。

さて、三人が箱のなかに入ってしまうと、こんどは夫人がホステスである。何階まで降りるかと訊く。これは、飲みものは何？　料理は何がいいか？　と言っているのと同じである。私は彼ら夫婦の客の立場に立たされている。これが、私の相手が日本人夫婦であると、絶対にこうはならない。第一に、女が照れてしまう。モジモジとする。夫の蔭《かげ》にかくれようとする。こうなると、マナーが発揮される場がなくなってしまう。すなわち、礼儀作法には、悪びれずに堂々と行なわなければならぬという大原則があるのであって、この点が、われわれ日本人にはまったく欠けているのであり、大の不得手である。

「あなたは、とても美しい」

終戦直後のことであるが、アメリカの将校夫妻が、二人の子どもを連れて私の家に遊びにきた。私たちは鎌倉《かまくら》に住んでいたので、そういう機会が多く、その日は夕食に招待したのである。

子どもは、十歳の姉と五歳の弟であった。私は、弟のために、飛行機の玩具《おもちゃ》を買ってあった。姉のほうに何をプレゼントしたか憶《おぼ》えていない。そのとき、私は十九歳か二十歳であった。

姉は赤いスウェーターを着ていて、そのうえに何かを羽織っていた。そのスウェーターの赤が目に滲《し》みるように鮮かで美しい。また、彼女も、実に愛らしい。

私は、あなたは、今日はとても美しいと言った。それはお世辞ではなかった。また、こんなことが言えたのは、彼女がアメリカ人であるからであり、十歳の少女であるからだった。

彼女は、とても嬉《うれ》しそうな顔で、ありがとうと言った。少しも悪びれるところはない。日本の少女は、こうはいかない。あら厭《いや》だわ、とかなんとか言って逃げてしまう。あるいは、どういう態度をとっていいかわからなくて、モジモジとする。アメリカの少女は、すでにして堂々たる淑女の感じがある。

ここまではよかった。これから後がよくない。

私は、アメリカの少女の、単純な素直な喜び方、悪びれない態度に、軽い反撥《はんぱつ》を感じた。これはおかしな感情であって、若気のいたりというほかはない。

いっちょう、からかってやれと思った。こういう感情は、悪意ではなく、むしろ、彼女に親近感を抱いたからであり、日本人特有の屈折した愛情表現だと今でも思っている。

私は、彼女に、私が美しいと言ったのはスウェーターのことだ、と言った。

彼女は、一瞬、私の言葉が理解できぬという表情で、首をかしげた。しかし、次の瞬間に、彼女は、物凄《すご》い勢いで怒った。マッカになって怒った。

早口の英語でまくしたてた。私の語学の力では何を言っているかわからない。ただし、彼女の真意は、おぼろげながら、摑《つか》めたつもりである。

「冗談ですよ」

私は謝った。

「それは非常に悪い冗談です」

彼女はまだ怒っている。涙をためて怒っている。

ここに彼我《ひが》の国民性の相違がある。こういう冗談は、アメリカ人には通じないのだ。というより、これは冗談ですらないのだ。これは、完全にエチケットからはずれているのである。スウェーターが美しいのであって、あなたが美しいと言ったのではないというようなことは——。女性の容貌《ようぼう》を悪く言ったと受けとられかねない言辞は、社交上のルール違反であったのだろう。

礼儀作法とは、このような、食事の前の会話、食事中の会話、食後の団欒《だんらん》において多く発揮されるべき性質のものである。極端な話にすれば、パーティーに出てくる女性は、みな美しいのである。なぜならば、ここが肝腎なのであるが、美しく見せようと思って、着飾って、念入りに化粧して、出席しているのである。彼女たちが美しく見せようとしているのであるから、こちらも、それを美しいと思ったほうがいい。すなわち、礼儀作法とは非常に演技的なものであると私は思う。

3 飛行機に乗る少女

わからなければ訊《き》けばいい

まだ終戦後といった言葉がふさわしいような、ずいぶん昔のことになるが、川端康成《かわばたやすなり》先生がこんな話をしてくれた。

外国旅行をしていると、六歳か七歳の少女が飛行機に乗っていた。父も母も同乗していない。知りあいもいないらしいことがわかってきた。彼女は一人旅なのである。父親の任地へ行くところらしい。母親も一足先にそこへ行っていたのだろう。

川端先生は、その少女の態度が実に毅然《きぜん》としていて美しかったと言われた。少女の一人旅に感動するというのが、いかにも川端先生らしいが、ここにも、ひとつの礼儀作法の問題が提起されていると思う。

彼女は、おそらく、対人関係についてのエチケットなどは何も知らないだろう。ただし、両親に、飛行機に乗っていて何か困ったことがあればスチュワーデスに相談すればいい、何か要求すべきことがあれば、そのときもスチュワーデスを呼べばいいと教えられていたと思う。エチケットというものは、実は、それだけで充分なのである。だから、彼女は、毅然たる態度でいられたのだと思う。その意味において、彼女は立派な社会人であった。

訊けばいいのなら、そんな簡単なことはないと誰でもが思うだろう。その通りである。しかし、その簡単なことが、なかなかやれないというのが実情である。

東北地方の、仙台《せんだい》なら仙台の青年がいて、その土地の高校と大学を卒業して、東京で就職して、はじめてのボーナスを貰《もら》ったとする。『東京たべあるき地図』かなんかを見て、勇躍して、銀座の小料理店か寿司《すし》屋へ行ったとする。行ったというだけで勇気のある行動であるが、そこで悠々《ゆうゆう》として注文するということが、むずかしい。最初に言葉のことがある。モジモジする。オドオドする。品書きに「いわし」と書いてあるが、こんな店で「いわし」を注文していいものかどうか、それがわからない。牛肉のロースのバター焼きとあるが、これは高いんじゃないだろうか。そんなこんなで、口も体も硬直してしまう。毅然たる態度とはほど遠いことになり、不愉快な思いをして、つまらない散財をすることになる。

どうして、訊くことができないのだろうか。中年の、ものわかりのよさそうな仲居を呼んで、こういう店で食事をするのは初めてなので教えてくださいでもいいし、あなたにマカセルでもいいのではないか。

これが、寿司屋であると、もっと恐ろしい思いをする。職人に睨《にら》みつけられているように思うし、絶えず急《せ》かされているような気がするものである。

小料理屋へ行ったら、酒を一本頼んで、それを飲みながら、ゆっくり考えればいい。なにか吸いもので一品、刺身で一品、焼物で一品、野菜で一品というように選べばいい。なにかを省略してもいいし、鍋物《なべもの》を食べたければ刺身だけにしてもいい。それは簡単なことだと思われる。私は、川端先生の見た六歳か七歳の少女にはそれができるような気がして仕方がない。われわれ日本人は、そういうことに不馴《ふな》れであり、下手であるようだ。

いつか、ある酒場の女給を小料理屋へ連れていったら、品書きを見て、ジュースと蛤《はまぐり》の吸物と土瓶蒸《どびんむ》しと赤だしとノリ茶漬けを注文した。こっちが恥をかく。これは全部ミズモノである。理に適《かな》っていないし、腹が張って、とても全部を食べられる（飲める）ものではない。また、ある女は、コースを食べ終わったあとでテンプラを追加した。小料理屋で、何を食べようが、何を頼もうが客の勝手である。しかし、女なら、テンプラには、めんどうな下拵《したごしら》えがいるくらいのことは知っているはずではないか。それができるまでに時間がかかる。他の人は食事が終わっている。間《ま》がもてない。それに、職人には手順があって、注文を聞いてから、どの順序で出せば客が喜ぶかということを常に考えているのである。食事が終わる頃に、突如として、テンプラとは何事であろうか。

相手の気持ちのわからない女は、田舎者と呼ぶよりほかにない。

教養と礼儀は隣りあわせ

伊藤整《いとうせい》さんと「教養とは何か」について話しあったことがある。いまから二十年ばかり前のことであるから、事情はかなり違ってきているが、そのとき伊藤さんは、教養とは、ホテルの食堂やレストランで、フルコースの洋食を間違いなくきちんと食べられることだと言った。私はその意見に大賛成であった。伊藤さんは、大学で、そういうことを教えるべきだとも言う。

伊藤整さんは北海道の出身である。だから、北海道から出てきた学生をレストランに案内して恥をかいたような経験がおありだったのかもしれないし、ご自身のことであったかもしれない。伊藤さんは、さらに、ケンブリッジ大学やオクスフォード大学を卒業した人が洋食を食べられないということは絶対にありえないとも言われた。

これは、ちょっと不思議に聞こえるかもしれない。英国人がその国の食事をきちんと食べられるのは当たり前のことではないかといったように——。そうではないのだ。日本人が、日本の大学を卒業した日本人が、洋食を食べられないばかりでなく、懐石料理でも、あるいは、小料理屋でも寿司屋でもヘドモドしているのを歎《なげ》かれているフシがあった。

教養というものは、けっして深遠なものではなく、日常のことがわかっていて、普通の社会人として行動できるモトとなるものというふうに解釈しておられたようだ。むろん、ことは食事のことばかりではない。私にも、おぼろげながら、オクスフォード大学出身者の教養というものがわかるような気がする。

こうなると、教養というものと礼儀作法とが、隣りあわせというか、非常に密接な関係にあるように思われてくる。いずれにしても、そんなにむずかしい問題ではない。いや、むずかしく考えてしまう人は教養がないのだと言ったほうがいいかもしれない。

4 森鷗外《もりおうがい》の『礼儀小言《しょうげん》』

鷗外「我邦人《わがほうじん》には礼がない」

森鷗外に『礼儀小言』という一文がある。これは非常におもしろい文章であるので、鷗外全集を持っておられる方は、ぜひ読んでいただきたい。

「わたくしにかう云《い》ふ事を言つたものは独《ひと》り一両人のみではない。車上舟中我邦人の外人に接触するを見るに、大抵外人には礼があつて我邦人には礼がない。是《これ》は恥づべき事である。奈何《いかに》かして此弊《このへい》を拯《すく》ふことは出来まいかと云ふのである」

外国人は礼儀作法を心得ているが、日本人にはこれがない。恥ずかしいことだから、なんとかならないか。これは大正七年に書かれたものであるが、その頃から、いや、おそらくはそのずっと以前から、こういう問題が起きていたのだろう。

鷗外にそういう質問を発したのは、エチケットに関する雑誌を発行している人たちである。多分、鷗外に、礼儀作法に関する原稿を書かせようと思ったのであろう。

鷗外は、こう答えている。

たしかに、外国人に対する日本人のエチケットはなっちゃいない。私も恥ずかしいと思う。しかし、私は、日本人のエチケットがどうであるかについて注目しているのであって、それを外国人がどう見るかということは問題にしていない。これは、私が外国人を格別に尊敬していないせいかもしれない。

これは、かなり皮肉な答えである。あるいは、鷗外は、そのエチケットの雑誌を発行している人の態度（外国崇拝のような）が気にいらなくて、原稿を書きたくないためにこのような答えをしたのかもしれない。

しかし、鷗外は、礼儀作法に関心がないのではない。大いに関心がある。また、外国人には礼儀作法があり、日本人にはこれが無いことも認めている。「現状を以《もつ》て言へば、礼は彼にあつて我にないからである」とはっきり書いている。これは注目すべき事柄である。そうではあるが、これは仕方がないことでもあるのだと彼は言う。

なぜならば、たとえば、自動車であるが、その運転の仕方、自動車の乗り方、車中での心得といった礼節があるけれど、日本人は、その自動車だけを輸入してしまって、自動車に関連するところの礼節のほうは輸入しなかった。しかしながら、それは無理もない話であって、自動車には自動車の歴史があり、その最初から立ちあっている外国人と、いきなり完成したものを見せられた日本人とでは、どうしても、エチケットの面でのへだたりができてしまう。自動車の前に馬車があるが、西洋から馬車を輸入したときに、馬車に乗る方法を教えてもらうことを忘れてしまった。

鷗外は実際にそんなふうに書いているのではないが、彼の気持ちはそういったところだろう。日本人はコーヒーの飲み方を知らないかもしれない。しかし、茶の湯に関しては、日本人は礼節の人である。だから、コーヒーの飲み方を知らないのは恥ずかしいことであるが、外国人に比較してそんなに引け目を感ずることもないし、一面でいえば無理もない話だ。——そう言いたいのかもしれない。

社交を円滑にするための形式

自動車に関してはおもしろいことを書いている。

「仮に車上の外人が途上に車上の外人に逢《あ》ふとする。二つの車は皆窓が鎖《とざ》されてある。二人の外人は相認めた時奈何するか。彼等は必ず手を窓に掛けて、窓を開かうとする。しかし車の走る間には、窓を開き畢《をは》つて帽を脱する余裕のないことは明《あきらか》である。それゆゑ彼等は惟《ただ》手を窓に掛くるのみである。窓を開く為《まね》をするのみである。是が礼である。此二つの車の上に邦人がゐたとしたらどうであるか。二人は相認めた時奈何すべきかを知らない。硝子《ガラス》の背後に於《おい》て脱帽して、人には識《し》られずにしまふものもあらう。単に顎《あご》を動すものもあらう。策の出すべきなく、瞠目《だうもく》して過ぐるものもあらう。是が礼のないのである」

ずいぶん遅い自動車があったものであるが、この用例に、礼儀作法の要諦《ようたい》が収約されているように思われる。

外国人は窓をあけるマネをするだけである。それでいい。それがエチケットである。だとすると、エチケットとは形骸《けいがい》であるに過ぎない。そのことにあまり意味はない。しかし、それを知ることによって、社交上のイザコザが起きないのだとしたら、知っておいたほうが便利である。

これに反して、日本人は、せっかく帽子を取ったのに、相手にそれがわからないで、失敬な奴《やつ》だと思われることがある。アゴを動かすだけでは、ますますわからない。ときには、びっくりしているだけである。だから礼節を知らない奴だと言われてしまう。

鷗外は、だから、そのことが外国人にどう思われようが、そういう日本人のやり方自体が礼節に適《かな》っているかどうかを問題にしたいと言いたいのだろう。

どちらがいいかということになると、私は、やはり、欧米流のやり方のほうがいいと思う。窓をコツコツと叩《たた》く。窓を開けるマネをする。「やあ、お会いしましたね」という顔でニッコリ笑う。そのほうが、社交上、円滑に事が運ぶ。日本人のほうは、こちらの気持ちが相手に伝わらないのではどうにもならない。日本人は、エチケットに関しては、そもそもが不得手な人種であると思われる。

礼儀作法とはマネである。形骸である。しかし、私は、その形骸のなかに何物かが存するのではないかと考えている。形式には、その形式を生んだ、そのモトの意義というものがあるはずである。実は、森鷗外も『礼儀小言』の最後のところで、そういう意味のことを書いている。

5 品行か品性か

礼儀作法とは保守的なものである

礼儀作法とは何かについて、私は、その周辺をめぐって、とりとめもなく、いろいろのことを書いてきた。このへんでシメククリをしないといけない。

まず、礼儀作法とは、儀式であり形式であり、したがって、ソラゾラシイものであると書いた。また、儀式なり法則なり作法なりをよく知っている人が礼儀作法に適《かな》った人であるとは言えないとも書いた。私はこれを真理だと思う。しかし、これが礼儀作法のすべてであるとは思わないし、私自身、そう思いたくないような気持ちがある。

礼儀作法とは社交上のことである。対人関係において、社会人としてこの世に生きてゆくために必要になってくる。一人で生きているのなら、そんなものは必要ではない。したがって、私には、他人に迷惑をかけないという一項目が浮かんでくる。他人に迷惑をかけないためには健康でなくてはいけない。これも真理であると考えている。しかし、健康な人はすべて礼節の人であるかというと、そういうわけにもいかない。ついで、外国人と日本人の問題が出てくる。エチケットというと、必ず、この問題に逢着《ほうちゃく》する。ここには、いろいろと微妙な問題が含まれているのであるが、外国人は作法を行なうときに、悪びれない、毅然《きぜん》たる態度を堅持するという特質がある。ここに彼我との画然とした相違点があると考えている。どうも、外国のほうが、日常の暮らし方についてのルールが明快であるように思われる。

ここには、当然、宗教の問題、階級制度（身分社会）の問題がからんでくる。日本には、宗教の問題も身分社会の問題もないと言っていいように思う。すくなくとも、明治の終わり頃からは、礼儀作法に関する歴史が失われている、もしくは大混乱しているように思われる。したがって、私は、鷗外と同じように、どちらがいいかを論じようとする気持ちを抱いてはいない。

もともと、礼儀作法とは保守的なものである。宗教的な儀式のほうへ、身分社会のほうへ結びつきたがる性質を持っている。

平凡に、自然に、慣習に従うこと

礼儀作法のなかの枢要《すうよう》を占めるのは、なんといっても冠婚葬祭である。このうち、冠

（元服）と祭（霊祭）とは特殊な人を除いては行なわれないが、大部分の人は、婚礼と葬式から免れることはできない。

結婚式と葬式をどうするか。これは、礼儀作法を考えるときの大問題中の大問題である。いろいろと新しいことを考える人がいる。それでも、それは一種の形式であることを免れない。キリスト教信者でもないのに教会で結婚式をあげる人がいる。仏教信者でもないのに、仏の前で手をあわせ、焼香をして、戒名をもらう。仏式の葬式をいとなむ。これはおかしいではないか。そう考えるほうが自然である。しかし、それならば、死者を放っておいていいか。こうなると、いかなる進歩主義者でも、即答できる人は稀《まれ》であると思う。

そこで、世間で行なわれているように、あまり突飛なことではなく、平凡に自然に、慣習に従って結婚式をあげ、葬式を出そうではないかということになってくる。この、平凡に、自然に、慣習に従って、というのが礼儀作法の本体であると思われる。すなわち、考えようによっては、これは形式であるのだから、そうしてそれを職業とする人がいるのだから、非常に易しいことである。そうして、これを突きつめてゆくと、非常に難問題になる。それもまた礼儀作法の一特質であると言わないわけにはいかない。

礼儀作法は、その人個人の生き方にかかわってくる。それは、国籍、宗教、家系、生活環境をモトとした個人の問題である。

品行か品性か

礼儀作法とは何か。

ここまできて、実は、私には何もわかっていない。しかし、この問題を考えるときに、いつでも私の頭にすぐ浮かんでくるふたつの言葉がある。

松竹の映画監督であった小津安二郎《おづやすじろう》さんは、藤本真澄《ふじもとさねずみ》さん（東宝社長）にむかって「人間はすこしぐらい品行は悪くてもよいが、品性は良くなければいけないよ」と、よく言われたそうだ。

私は、礼儀作法の要諦《ようたい》はここにあると思う。普通は、礼儀作法とは品行のことである。品行は悪くてもいい。礼儀作法は知らなくてもいい。しかし、品性は良くしなくてはいけない。礼儀作法とは品行のことであるけれども、私は、この問題を考えるときに、できるだけ、品性のほうへ近づけて考えてみたいと思っている。そうして、私自身は、品性の良い人間が品行が悪くなるはずがないと考えているのである。

もうひとつの言葉。

高橋義孝先生が私にこう言われた。

「ちょっとキザな言い方ですが、おのれを虚《むな》しゅうするというのが実際いちばんいいんじゃないかと思います。おのれを虚しゅうし、その言葉の意味を受け入れる。先入観があると、パッとこれだと思いこんじゃうものだからわからなくなっちゃう。だから、おのれを虚しゅうするというのは、生意気だが、おのずからエチケットに適うんですね。

無私の精神」

「へんに考えて、こっちにしようかあっちにしようかじゃなくて、スーッと。……そしておのれを虚しゅうすることは、逆にいえば、おのれを充実することなんでしょうね——そうだと思います」

礼儀作法とは形式のものである。知らなくてもいい。あるいは、知っていてこれを行なわなくてもいい。あるときは、エチケットに適ったことを行なわないほうがいい場合さえある。天然自然でいい。しかし、高橋先生の言われるような無私の精神でいるときに、礼儀作法は、エチケットは、自然にその人間に湧《わ》いてでてくる。上から与えられたものであり、同時に、下から湧きでてくるものである。それは、その人の品性にかかわってくる。私はそんなふうに解釈する。

第二部　礼儀作法入門

1　祝儀《しゅうぎ》袋の渡し方

私は重い祝儀病患者

私の友人が工場見学に行った。自動車の工場である。見学を終わって、工場から駅まで、その工場の製品であるところの自動車で送ってくれた。友人は運転手に「ご苦労さま」と言って百円渡した。運転手は黙って受けとった。数日後に、友人は蒼《あお》くなった。その運転手が、その会社の社長であることが判明したからである。友人は、また、黙って受けとった社長が偉いと言って妙に感心していた。さあ、その社長が偉いかどうか、私にはわからない。「人が悪い」と私は思う。

二十年ぐらいまえ、新橋駅にちかい田村町の角のところに「マルタ」という洒落《しゃれ》たナイト・クラブがあった。私は気取ってジン・ベースのカクテルを飲んでいた。ヴァイオリンの演奏がある。奏者はドイツ人であるようだ。大男である。

彼はヴァイオリンを弾《ひ》きながら、ゆっくりと客席を回る。いい雰囲気だった。一曲終わったところで、私は彼に百円渡した。すると、いきなり彼は怒りだした。殴りかからんばかりであった。

私は、はじめ、百円渡したので怒ったのかと思った。千円でなければいけなかったのかなと思った。しかし、当時、とても千円の祝儀を渡す余裕などはなかった。困ったことになったと思った。

ところが、そうではないことがわかってきた。彼は、自分は芸術家であって乞食《こじき》ではないと言って怒ったのである。私は彼の誇りを傷つけたのだった。それも困ることだった。私は小さくなり、逃げるようにしてその店を出た。

そのように、祝儀を渡すのは非常にむずかしいことである。ある場合に、それは命がけのことになりかねない。なにしろ、相手の矜持《きようじ》にかかわることなのだから。

それがわかっていて、私にはやめられない。私の場合は、やや趣味的なところがある。それがだんだんに高じてきて、いまや病的の段階にさしかかっている。

財布のなかに祝儀袋が入っていないと安心できない。それも、地味で高雅なデザインの袋でないと気が済まない。

私は京都の「鳩居堂《きゆうきよどう》」や、東京浅草仲見世《なかみせ》の「文扇堂《ぶんせんどう》」のそばを通ると、どうしても素通りできなくなる。そこに素敵な祝儀袋を売っているのを知っているからだ。

私は、一時、祝儀病患者であり、祝儀魔であり、しかも、祝儀袋の蒐集家《しゆうしゆうか》でもあった。

私の家の長火鉢の一つの抽出《ひきだ》しは祝儀袋でいっぱいになっている。そう書くと、いかにも古めかしい感じを受けるかもしれないが、家全体はモダンな、前衛的といってもいいような家なので、妙に調和がとれていることになっている。

あるとき、そのことを知っている小料理屋の内儀《ないぎ》に祝儀袋の束を貰《もら》ったことがある。袋だけ貰うのも変なもので、二人で笑ってしまった。実は、その内儀も祝儀病で、同病あい憐《あわ》れむというところであった。

こんなふうに、祝儀袋をいつも財布にいれているが、カンジンの、本来の財布のなかの主人であるところの金がないことがある。あれも変にわびしい感じがする。

なぜ、さしあげるのか

私はどういう人たちに祝儀をさしあげているか、自分で考えてみることがある。旅館の女中、風呂焚《た》き、下足番、板前。料理屋の内儀、仲居、板前。酒場のボーイ、バーテンダー。床屋の係りの職人。アンマ。タクシーの運転手。芸者。よその家の女中等々である。

これは、すべて、サービス業である。私はサービス業の人が気の毒でならない。たとえば床屋であるが、他人の体に触れる職業というのは、まったく気の毒だ。時には鼻毛を切り、耳垢《みみあか》を取ったりする。こういう職業の人は、きまった給金のほかに何かの余禄《よろく》がなければいけないと考える。アンマも同様。

たとえば、バーテンダーである。酔っぱらい相手の職業である。厭《いや》なことも我慢しなければならぬ。それも毎日のことだ。

たとえば、タクシーの運転手である。運転手といえば、すぐに雲助あつかいするが、悪い客に苛《いじ》められた話を私はいくつも知っている。

また、これらの職業は、世のなかになければなくて済んでしまう職業である。すなわち、ひじょうに不安定な商売である。それでもって私たちは便宜を得ているのだから、そのぶん、なんとかしなくてはいけないという責任感のようなものを感ずる。

けっしてこれは、その職業を蔑視《べっし》し、差別するものではない。私の感ずるのは、そんなものとはまるで逆な「仲間意識」である。なぜならば、小説家という職業など、この世になくてもいい職業の最たるものであるからだ。

また、たとえば、こういうことを考える。いったい、小料理屋なら小料理屋、ソバ屋ならソバ屋で、その店がいい店である最大の条件はなんであろうか。料理やソバがうまいことだと答える人がいるかもしれない。それもひとつの解答であるが、私はそうは思わない。

その店がいい店であるところの最大の条件は、従業員の感じがいいかわるいかにかかっている。従業員の目が客に対して、いかに行き届いているか。私からすれば、これに尽きるのである。ある人はこれをキバタラキと言う。それがサービス業者の本当のサービスというものである。

ソバ屋へ行く。手を叩《たた》く。時分時《じぶんどき》で、店が立て込んでいる。従業員の目がなかなかこっちを見てくれない。叫ぶ。それでも来ない。いらいらする。……誰でもこういう経験があると思う。これは不快な店である。どんなにその店のソバがうまかろうと安かろうと、そんなことは問題ではない。

客の心を敏感に読みとってくれる店。これが最高である。そうして、そういう店の出してくれる食べものがまずかろうはずがないのである。

そうだとすれば、その従業員が、気持ちよく働けるものを、こっちのほうでも提供しなければならない。お金では失礼だけれど、もっともサッパリとしていて便利なものが金である。お金で具合のわるいときは、私は六本木「綱寿し《つなずし》」のお稲荷《いなり》、三田《みた》の「大坂家《おおさかや》」の和菓子、銀座「空也《くうや》」の最中《もなか》を持っていったりする。これは、人間と人間とのオツキアイというものではなかろうか。

多すぎても、少なすぎても

そうかといって、祝儀を渡すのは、やっぱりむずかしい。高橋義孝先生は、タクシーに乗ると、百円か二百円渡して、タバコ、タバコとおっしゃる。その呼吸が実にいい。私にはあんなふうにはできない。祝儀というのは、多すぎてもいけないし、少なすぎてもいけない。ある年齢に達しないと、その呼吸がつかめない。

たとえば寿司《すし》屋へ行く。帰りぎわに、若い内儀に千円ぐらい渡す。すると内儀が職人とお運びの女中に「いただきましたよ」と囁《ささや》く。

それはまことに気分のいいものだ。寿司屋などは、いい気分を味わいに行くところではないのか。むろん、私にしたって、毎回祝儀をさしあげるのではない。

ある人が言っていたが、酒場におけるチップのもっともうまいやりかたは、一年の終わりのこれが最後という日に、バーテンとボーイの皆さんで分けてくれと言って一万円渡すのだそうだ。翌年から、がぜん店での扱いが違ってくるという。チップにも区別《けじめ》ありという一例だろう。

旅館に泊って、係りの女中に三千円渡したとする。帰ろうとする時に、板前と下足番が礼を言う。その旅館ではチップをみんなで分けているのである。こういう旅館はいい旅館だと思って間違いがない。

若い読者は、チップだとか祝儀袋などは俺たちと関係のない話だと思うかもしれない。それで済むものなら、それでいいと私も考えている。

しかし、こういう場合はどうだろう。

就職して三年経《た》ち、四年経つうちに馴染《なじ》みの酒場ができてくる。宴会のあとで上司に連れていかれることもあるし、自分でも飲みに行くようになる。その店で働いていた女が独立してスナック・バーを開いた。それで、開店記念に、三日間はタダで飲ませるという。きみはそこへ出かけるだろうか。

行ったほうがいいと私は思う。感じのわるい店だったら、一度でやめればいい。

問題は、そこでタダで飲むかどうかである。勘定はいらないと言う。そういうときに、どうしたって祝儀袋が必要になる。これは便利なものなのだ。千円でいい。

しかし、いまや、剝《む》きだしの千円というものは、いささか恰好《かっこう》が悪い。気は心である。こういうときに、洒落た祝儀袋を持っていたら、ずいぶん気持ちが楽になる。

私にも似た経験がある。友人の経営している酒場が三周年記念で店内を改装し、一日だけ常連客を招待してタダで飲ませるという。実は、そういうこととは知らず、その店の前を通りかかって、ふらっと入ってしまったのだ。私は一杯だけ飲んで、マダムに祝儀袋を渡そうとした。

　彼女は受け取らない。押し問答をしているうちに、彼女の和服のなかから、祝儀袋が何枚かこぼれ落ちた。それほどに彼女の胸は祝儀袋でふくらんでいた。ほれごらん、衣の下に鎧《よろい》を着ているじゃないか、と私は思った。

2　結婚式

出欠の返辞は、その日のうちに……

結婚式を挙げる側にとって、もっとも困ることは、招待客の出欠の返辞がなかなか来ないという時である。

案内状のなかにハガキがいれてある。その返辞が来ない。といって、招待する側は、電話で催促するのは何か憚《はばか》られるようなところがある。それでヤキモキする。

当事者に悪意があるのではない。出席と書いたハガキをポケットに入れたまま、ついつい、出し忘れてしまっているということがある。夫婦で招待されていて、二人で行くべきかどうかについて、決心のつかない場合がある。というのは、結婚するのは親友であるけれど、こちらには、三歳と一歳の子どもがいて、それを置いて出てゆくわけにはいかない、といった事情がある。子守に妹を頼んでみたけれど、妹からもはっきりした約束がもらえない。あるいは、着てゆく着物についての決心が定まらないといったことが女の場合にはある。

結婚式を挙げる側では、それがカクテル・パーティー式の場合はまだいいとして、席のきまった宴会場、特に日本座敷の場合は大変に困ってしまう。

結婚式に限ったことではないけれど、主催者が頭を悩ますのは席次である。かりに、コの字型にならぶ日本座敷のときに、一人の増減で、予定がすっかり狂ってしまう。何度もやりなおしをしなければならない。

夫婦を招待したが、留守番の関係で、夫だけが来るという。ところが間際《まぎわ》になって、留守番の都合がついたので妻も出席するという電話が掛かってくる。このときに、夫婦の席を離すわけにはいかない。せっかくまとまった席次が、はじめから全部やりなおしになる。

なるべく夫婦そろって出席したいと考える。それでグズグズしている。これは善意である。しかし、この善意が相手を困らせてしまうことがある。

だから、結婚式にしても、何かの祝賀会にしても、出欠を求められたら、できればその日のうちに返辞をしたほうがいい。世のなかには、なかなか決心のつきかねることがある。しかし、あるときは、たとえ一時的に相手に不愉快な感情をあたえても、欠席なら欠席と、返辞をしたほうがいい。そのほうが親切である。相手の身になって考えることが大切なのではあるまいか。

結婚式の祝詞《しゅくじ》は長いほうがいいか、短いほうがいいか。

これも結婚式に限った話ではないが、テーブル・スピーチは短いほうがいいと信じてきた。だいたい、目の前にご馳走《ちそう》がならんでいて、酒が出ていて、おあずけをくうのは、私などにとっては大変な苦痛になる。仲人《なこうど》の挨拶《あいさつ》があり、主賓の祝詞がある。なかなか乾盃《かんぱい》の音頭ということにならない。あれは辛《つら》い。

新婚夫婦にとっては、実は結婚式も披露宴もどうでもいいのである。早く二人っきりになりたいのである。早く簡単に終わってほしいというのが本心だろう。客のほうもそうだ。早く食べ、早く飲み、早く失礼したいと思っている。

祝詞は長いほうがいい

ところが、そうではない人がいる。それは新郎新婦の両親である。彼らは非常に嬉《うれ》しいのである。嬉しい時間が長く続いたほうがいい。やっと息子を一人前に育てた、肩の荷がおりた。それでホッとしている。こんなに嬉しく楽しい会はない。みんなに祝詞をいただき、褒めてもらって、ますますいい気持ちにしてもらいたい。そう思っているのである。感謝の気持ちでいっぱいである。

また、特に新婦の父は、嬉しいと同時に淋《さび》しいのである。結婚式が終わってしまえば、娘はよその家に行ってしまう。だから、この一刻が永遠であってほしいとさえ思う。テーブル・スピーチがあっさりしていると、ものたりない感じになる。娘の失敗談でもいい。娘の話を、親類から友人から、たっぷりと聞かせてほしいと願っている。

そういうことが、だんだんにわかってきてから、私のテーブル・スピーチは、いくらか長くなってきた。そうするように心がけるようになった。それ以前の私は、なるべく三分以内、時には一分足らずで終えてしまうように文案を考えたものだった。

紋切型のスピーチをする人がいる。紋切型については後で書くけれど、それはそれで結構である。しかし、いかにも、結婚式のテーブル・スピーチ集という書物に出てくるような話をするのは感心しない。つまり、どの新婚夫婦にもあてはまるような話であると、座がしらけてしまうし、実がないことになる。

たとえば、こんなスピーチがある。

新郎新婦は、これまでは、それぞれの鉢に植えられた草花であり樹木であった。これからは、ひとつの鉢に植えられることになる。おたがいに根を張りすぎると、樹木は枯れてしまい、鉢がこわれることもある。だから、おたがいに労《いたわ》りあって、ひとつの鉢で立派な花を咲かせてほしい。

私の勤めていた会社で社員の結婚式があり、常務がその話をした。困ってしまったのは支店長である。彼もその話をしようと思って準備してきたのである。二人とも、書物で研究してきたのがいけない。それ以後、会社では、テーブル・スピーチについては事前に打ちあわせをするようになった。考えてみれば、これも変な話である。

やはり、その新婚夫婦についての、二人だけに即した話をするべきではあるまいか。何も思いつかなかったら、彼らに新婚旅行はどこへ行くかを訊《き》いてみるといい。新婚旅行は、まず、初めての土地へ行く。もし、その土地を知っていたら、その話をするといい。どこを見物して、なにを食べたらいいかといったようなことである。

あるいは、自分の新婚旅行についての教訓でも失敗した話でもいい。そのほうが、ずっと親しみがでてくる。

私は、あるとき、あまり親しくない人の結婚式に出席して、新婚旅行が、まず飛行機で羽田を発《た》ち、福岡に一泊して九州を一周すると聞いたので、羽田空港に電話をして、離陸後何分で富士山がどちら側に見えるかとか、福岡の気温などを調べて話したところ、案外に好評だったことがある。

要するに、スピーチは、親身になってあげることではないだろうか。

山本周五郎《やまもとしゆうごろう》さんのスピーチ

山本周五郎さんは、生涯に一度だけ、結婚式の祝詞を述べられたことがある。

山本さんの渾名《あだな》は曲軒《きょくけん》、相当なヘソマガリである。いや、頑固一徹の人である。結婚式にもめったには出てこない。

山本さんは、ご自分の弟子にあたる土岐《とき》雄三《ゆうぞう》さんのお嬢さんの結婚式に出席し、祝詞をもとめられた。そのとき、山本さんは、立ちあがって新婦のところへ行き、何事かを囁《ささや》いて自分の席にもどってきた。

あとで土岐さんがお嬢さんに、どういうことを言ったのかと訊いてみた。山本さんは、いま、あなたにオメデトウとは言わない。あと、十年経《た》ち、二十年経ち、立派な家庭を築いたときに、はじめてオメデトウと言います、と言ったそうである。それが山本さんの祝詞だった。

なるほど、それはその通りで、かりに恋愛結婚だったとしても、ひとつの家で暮らしたことはないのだから、これから先、どうなるかわからない。ウカツにオメデトウと言える性質のものではない。

そう思うのだけれど、これは山本さんだから出来ることであって、私なんかがやると、キザになり、意地悪になってしまう。山本さんは嘘《うそ》の言えない人であり、照れ屋であり、大変な恥ずかしがりなのである。

最後に、仲人とか司会者の挨拶について書いておく。

これは高橋義孝先生に教えてもらったことなのだけれど、仲人がクダケタ挨拶をするか、それとも紋切型の、型通りの挨拶をするか、どちらにすべきかということである。

それは出席者の人数によってきまってくるという。五十人以内、あるいは、せいぜい七十人以内の親しい人たちの集まりで、冠婚葬祭の本に書いてあるような紋切型の挨拶をすると、滑稽《こっけい》で、とても聞いちゃいられないようになる。私も、おいおい、いい加減にしてくれよと言いたくなるような結婚式に何度か出席した。

そうして、これが百人以上、たとえば三百人という盛大な結婚式のときに、仲人なり司会者なりがふざけはじめると、これも聞いてはいられないようになる。こういうときは、儀式なのだから、厳粛に、簡潔に取りはこぶべきであるという。

つまり、礼儀作法といっても、そこは変幻自在であるべきであって、そこに面白味があり、また、一言では言えないところのルールが存在するのである。

くだけたほうがいいか、紋切型がいいかということは、一応は七十人をメドとして、出席者の顔ぶれによって変化させてゆく。五十人以内、あるいは百人以上ならば、これははっきりとしている。仲人や司会者でなくても、客のほうも同様である。いつでも滑稽な話をしたらいいというものではない。

そうはいっても、テーブル・スピーチぐらいむずかしいものはない。どうしても、そこに人間が出てしまうからである。これはもう、平生の心がけというほかにはない。

3　酒の飲み方

盃《さかずき》をどう持つか

たとえば、銀座裏の小料理屋へ行ったとする。銚子《ちょうし》、盃、肴《さかな》、箸《はし》、箸置が運ばれてくる。内儀が最初の一杯のお酌をしてくれる。これを飲む。飲んでから、「正しい酒の飲み方を知っているかね。盃をどう持って、どう飲むか」と訊《き》いてみる。私の経験では、答えられた人がいない。

これは一流料亭の内儀から芸者、仲居にいたるまで、誰一人、正確に答えた人がいなかった。彼女たちは、毎日、これを繰りかえしているのである。それでいて、わかっていない。こんなふうに、あまりにも平凡で、何気なく行なってしまっている日常茶飯のことは、かえってわかりにくいものである。

私は何人かの女優にも同じ質問をしてみた。これも答えられない。アイマイに笑うだけである。女優は、舞台の上で、酒を飲むという動作を演じなければならない。それも、観客から見て、キレイに見えるようにやらなければならない。それが答えられないというのは不思議ではないか。

正しい答えを教えよう。まず、盃を持ってくれたまえ。無意識でいい。そうだ。誰でも、ヒトサシユビとオヤユビで盃を持つだろう。ナカユビを盃の下部に軽く添える人もいるかもしれない。それでいい。この際、ヒトサシユビとオヤユビは、盃の円の直径を指し示す形になる。これも自然にそうなるはずである。そうでないと盃は落ちてしまうし、落ちないまでも不安定で、余分な力を必要とすることになる。

そうやって盃を持ったら、これを唇に近づける。そうして、ヒトサシユビとオヤユビの中間のところから飲むのである。この際に、舐《な》めるようにではなく、盃の中の酒を口の中に放りこむようにして飲む。これが正解である。これが見た目のキレイな酒の飲み方である。

こうやって飲むと、向かいあっている相手から盃がかくれるようになる。芝居なら、観客から盃と唇とがかくれるようになる。実際にやってみてくれたまえ。

宴会に行く。芸妓《げいぎ》が来る。まあ一杯どうだろうということで酌をしてやる。このとき、若い芸妓が、この動作で、手の甲を見せて、サッと放りこむようにして飲んで、ご返盃《へんぱい》と言って盃を突きだしたらキレイじゃないか。私なら、惚《ほ》れちまうね。惚れないまでも、いい気分になる。

さて、それなら、私は常にそのような動作で酒を飲んでいるかというと、そうではない。なあんだと思うかもしれないが、それでいい。礼儀作法とかマナーとかいうものは、知っていてそれを行なわないところに妙諦《みょうたい》がある。知らなければいけない。しかし、それを常に実行する必要はない。

もし、かりに、あらゆるマナーに通じていて、常にそれを行なっている人がいたとすると、これは、かなりイヤラシイ人間になってしまう。盃の場合でも、私は、ふつうはヒトサシユビとオヤユビの中心ではなく、オヤユビに近いところで飲んでいる。

美しいことが正しいこと

ホテルのロビーや廊下を歩いているときに帽子をかぶっていていいかどうか。これは難問である。建物のなかでは帽子を脱ぐことになっている。ホテルのロビーや廊下は建物のなかなのか、それとも公共の道路と同じものなのか。私は、帽子をかぶっていても、脱いでも、どちらでもいいと思っている。

それなら、エレベーターのなかはどうだろう。エチケットの書物によれば、帽子をかぶったままでいいことになっている。ただし、もし、婦人と一緒であるときは、脱帽して、帽子を手に持てと教えている。これも、見た目のキレイなマナーである。

しかし、恋人と二人っきりでエレベーターのなかにいるときはどうするか。恋人も婦人である。こういうときに、エチケットの書物の教えるところのものを金科玉条として、しゃちこばって帽子をとり、右手に帽子、左手に鞄《かばん》ということになったら、これは滑稽《こっけい》というほかはない。

こういう際は、恋人の体に軽く触れて、これを守るような感じでいるほうがいいと思う。つまり、マナーというものは、それを知っていて、あるときはそれを行ない、あるときはそれを行なわないところに妙諦があると言わざるをえない。そうやって、人柄とか個性とかが生ずるのである。誰もが教科書通りの人形になってしまってはおもしろくない。

さて、盃のことであるが、そんなシチメンドウなことは知らなくてもいいじゃないかと言う人がいるかもしれない。そういう人に私は質問したい。それなら、あなたは、西洋料理を食べるときに、スープの飲み方を知らなくていいと思っているのですか。

これは同じことだと思う。スープの飲み方を知っていて、酒の飲み方は知らないというのはおかしいではないか。

スープの場合、スプーンを手前から向こうへ押しだすようにして皿のなかのスープをすくう。これは誰でも知っているだろう。ついで、スプーンを縦にして、口をあけ、口のなかに放りこむようにして飲むのである。ヤキトリの串《くし》を横にくわえるようにして、

美しいことが正しい

スプーンを横にしたままで飲んではいけない。まあ、いけないことはないにしても、見た目がキレイではない。ヤキトリの串を縦にして食べると、ノドを刺すので危険である。

高橋義孝先生は、汽車の罐焚《かまた》きが、シャベルで石炭を罐に放りこむようにしてスープを飲むべきだと言われる。ヨーロッパの映画を見ていると、少女が、全くその通りにスープを口中に放り込むようにしてスイスイと飲む場面にぶつかることがある。見ていて、かわいらしいし、美しい。

放りこむようにして飲む。スプーンを縦につかう。すなわち、唇がかくれる。手の甲を見せる。これは、盃の酒の場合とよく似ているではないか。いや、全く同じだと考えていいだろう。それが美しい飲み方である。マナーに関しては、美しく見えることが正しいことなのである。ミットモナイことは悪である。

酒の注ぎ方、箸の置き方

ふたたび冒頭の場面にもどっていただきたい。酒の飲み方はわかったが、酒の注ぎ方、お酌の仕方はどうなるのか。

私は、酒の飲み方について質問した相手に、注ぎ方についての問いを発した。やはり、誰も答えられない。

これは非常に簡単である。銚子を持つ。それをそのまま横に倒せばいい。オヤユビと、残りの四本のユビで持つ。そうして、オヤユビを下に向けるようにして倒すのである。相手に向かって縦に突きだしてはいけない。銚子はひねってはいけない。それだけのことである。

これは、新派の女優がテレビで話しているのを聞いて知った。舞台でこうすると、客席で見たときに美しいという。これは、たとえば一流芸者の動作であろうが、逆に、場末の酌婦を演ずるときは、銚子をヒネッて下品な感じをだすのではないかと、そのとき思った。

この注ぎ方は理に適《かな》っていると思う。向かいあっている相手に縦に銚子を突きだすと、相手の盃がかくれてしまって注ぎにくい。横に倒せば粗相をすることはあるまい。

さて、次に、あなたの前に、箸と箸置がある。これは、どう置くのが正しいか。

このくらいのことは誰でも知っているだろう。自分の位置からするならば、左側に箸置を置く。そこへ先端を左にして、箸を置く。

誰でもそうしている。これが絶対に正しい。あなたもそう思うだろう。

絶対に正しい？　それなら、箸を持ってみてくれたまえ。次に、箸置を右側にして、箸の先端を右側にして、もう一度、箸を持ってみてごらんなさい。どちらが早く持てるか。

実に意外にも、作法にならないところの、箸置を右側にしたほうが早く持てるのである。一挙動で持てるのである。だから、内田百閒《うちだひやつけん》先生は、箸置を右側に置いたのである。そっちのほうが理に適っているのだけれど、私はそれを行なう勇気がない。

料亭へ行くと、箸が袋に入っていることがある。その紙の袋をどうするか。あれは案外に場所をとるものである。とくに、中華料理のときは、袋が大きくて、場所をとって始末に困ることがある。

袋を折りたたんで、紙の箸置をつくる人がいる。結んでしまう人がいる。食事の最中に、これをいじくりまわしている人がいる。

正解は、くしゃくしゃにして、洋服ならポケットに、着物なら袂《たもと》にいれるのである。すばやく行なう。すなわち、膳《ぜん》や卓のうえがさっぱりとする。

以上のことは、高橋義孝先生に教えられたことである。こんなふうに、銚子、盃、箸、箸置、箸の袋の扱いなど何でもないことのようだけれど、考えてみると、なかなかに厄介なものである。知っていて行なわなくてもいい。しかし、知っておいたほうがいいと私は考えている。

桐朋《とうほう》学園の校長の生江《なまえ》義男先生は、女学生を修学旅行に連れて行って、旅館で食事をするときに、箸の袋にその日の献立を書かせたという。これは、その土地へ行った思い出になるし、結婚してからひじょうに役立つ実際的な教育になっていると思う。

4　ギャンブル

「鴨《かも》」になるなら、やらないこと

世の中は「鴨にされる人間」と「鴨にする人間」の二種類によって成り立っていると私は考えている。そうして、私は、まちがいなく「鴨にされる人間」である。それでいいと思っている。

たとえば、為政者は「鴨にする人間」である。それに対して、われわれ一般大衆は「鴨にされる人間」である。私は為政者になれないし、なりたいとも思っていない。すなわち「鴨」である。

ところが、たとえば、ある推理作家が、まことに巧妙なドンデンガエシを用意した小説を書いて、多くの読者をひっかけたとする。この場合は、推理作家が「鴨にする人間」であり、読者は「鴨にされる人間」である。しかし、それが誰にでも見破られるトリックであったとすれば、作家が「鴨」になる。

私がある商品についての広告文案を書き、それが大当たりして、商品が売れたりすると、こんどは、私が「鴨にする人間」になる。世のなかは、そういう仕組みになっている。

私は「鴨」であっていい。常に、ひっかけられ、時にそれを楽しみ、時には被害をこうむる。政治をやりたいとは思わない。天下に号令しようとは思わない。だいいち、そんなことは、めんどうで仕方がない。

しかしながら、絶対に「鴨」にはなりたくないと思っている分野がある。それは、ギャンブルである。

私は「鴨」になりたくない。そうして、いつでも、若い人に向かって、きみが男なら「鴨」になってはいけないと呼びかけたい気持ちになっている。男はギャンブルに強くなければいけない。勝たなくてはいけない。それが紳士の条件であるとさえ思っている。(ただし、女は別だ。ギャンブルに強い女なんて、気持ちが悪くなる。それは、もう、女ではない)

勝負師の世界(たとえば囲碁・将棋など)では「鴨」は「お客さん」と呼ばれている。一流の勝負師は「お客さん」によって自分を守り、それで生活しているとも言える。「お客さん」になってはいけない。なにも好きこのんで、そんなに辛《つら》い人生を送る必要はない。人生の土俵はひとつだけではない。

それなら、ギャンブルに弱い人間は紳士になれないかというと、けっしてそんなことはない。勝負事に不向きな人がいる。そういう人は、ギャンブルをやらなければいいのである。

私の友人で勝負事がまるっきり駄目という男がいる。ところが、彼の子ども二人（男の子）は、どういうわけか、ゲームが好きだった。むろん、はじめは彼が教えたのである。二人の子どもが、それぞれ小学校の五年生と三年生になったとき、麻雀《マージャン》を打っても将棋を指しても、父親である彼は勝てなくなってしまった。

彼は官立大学を一番で卒業した男である。頭が悪いわけはない。その頭の構造が、ギャンブルに向いていない。だから、彼は、他人とギャンブルをやることはない。非常に賢明である。だから、彼は立派な紳士である。

世に「下手の横好き」と言われる人たちがいる。あれはミットモナイ。みんなに軽蔑《けいべつ》され、金を失う。あれになってはいけない。

〝ギャンブルに勝つ〟のが紳士の資格

ギャンブルに弱い人は、負けるのが嫌いなのである。不思議に思われるかもしれないが、事実はそうなっている。

子どもとジャンケンポンをして負けても、顔が赤くなり不機嫌になる人がいる。こういう人は勝負事には不向きである。

私の叔父の一人は、新婚のときに、ダイヤモンド・ゲームを買ってきた。叔父は頭がいい。叔母は普通の女である。負けるわけがないと思ったのが負けてしまった。何度やっても負ける。叔父は突如として怒った。最初の夫婦喧嘩《げんか》の原因がそれであったという。叔父はギャンブルには不向きな人間である。また、このことも、ギャンブルにおける強弱は、頭の良《よ》し悪《あ》しに関係のないことを示している。

勝負事に強くなろうと思ったら、負けることに平気にならないといけない。そもそも、平気でいられる人だけが強くなるのである。

たとえば、将棋を指していて、相手が巧《うま》い手を指したとする。ナルホド、ウマイ、ヤラレタと思う人は上達する。今度は自分もその手を指してみようと思う。これは相手の手を評価するということである。

ところが、負けた、くやしい、ズルイ手だと思う人は上達しない。相手の指し手を評価しないで、負けたという現実にだけこだわっているからである。

一般に、女性は勝負事には弱い。それは、女は競争心が強過ぎるからである。服装のこと、夫の社会的地位のこと、子どもの教育のこと、なんでも他人に負けたくない。こういう性情は、ギャンブルや勝負事には向いていない。

しかし、ギャンブルには、勝とうと思ってもなかなか勝てないが、負けようと思っていれば、いくらでも負けられるという法則のようなものがある。過度の競争心は、そもそもギャンブルとは無縁のものであり、強行すれば大怪我《けが》のもとになるが、闘志がなければ勝てない。

これは多くの人の言うことであるけれど、麻雀を打っていて、いい牌《パイ》を持ってこいと念じながら自摸《つも》るのと、ただ漫然と自摸るのとでは大きな差が生ずる。そういう意味での闘志が必要であり、それが念力を生ずる。そうして、そのことがギャンブルにおける醍醐味《だいごみ》であるとも言えるだろう。

将棋指しは、対局の終わったあとで麻雀を打つことがある。将棋に勝った棋士は、機嫌がよくて、麻雀では負けてもいいと思っている。そうすると、普通に打っていても、たいていは大敗する。一方の負けた棋士は、とにかく何かで勝って帰らないと気が済まないと思っている。勝負師の神経はそういうものであるが、負けた棋士は麻雀では勝つことが多い。

私は、過度の競争心はギャンブルとは無縁のものだと書いた。また、しかし、闘志は必要だと書いた。それならば、プロのギャンブラーはどういうことになるか。

プロのギャンブラーに関しての私の定義は、負けることに平気になりすぎた人である。負けることに淫《いん》してしまった人である。ヤクザの場合も同様である。したがって、私からすれば、プロのギャンブラーもヤクザも紳士ではない。紳士はギャンブルには勝たなくてはいけないのだから――。

もし、プロのギャンブラーが連戦連勝であるならば、巨大な土地を買い、豪邸を建て、贅沢三昧《ぜいたくざんまい》に暮らしているはずである。ところが、彼らの生活は、哀れであり、ミジメであることが多い。

プロの麻雀打ちがいる。彼らは私からするならば「鴨」である。彼らよりも、闘志をむきだしにした、生活のかかっているような若いサラリーマンのほうが私は怖い。プロの手の内はだいたいにおいて見当がつくということもある。若いサラリーマンの手づくりは読めない。そんなことよりも、負けることに平気になりすぎている男の気持ちは弱いのである。そこを突けば勝てる。

かりに、プロの麻雀打ちと、他のギャンブルを行なったとすると、もっと率がいいことになる。彼らは、ギャンブルが好きで、淫しているのである。ヤクザのほうが、もっと「鴨」であると言える。彼らこそ、ギャンブルに淫してしまって、ついに足が洗えない人種であるからだ。

男なら少し負けてニヤッと笑う

むかし、私が子どもであったころ、麻雀の強い人がいた。うしろで見ていると、実に巧者に打つ。その男は、負けたときの金払いの悪いことでも有名だった。

彼の渾名《あだな》は「リカ王」だった。シェークスピアの「リヤ王」をもじったものである。彼は麻雀で負けると「借り！」と叫ぶ。それがひっくりかえって「リカ！」と言うようになった。リカが激しいので「リカ王」である。

彼は扶養家族が多くて生活が苦しいという噂《うわさ》があったが、精《くわ》しいことは知らない。私は、どんなことがあっても、博奕《ばくち》で負けた金だけはキレイに払えと教えられ、それを実行してきた。「リカ王」の場合は、平均すれば勝っているのだから、負けたときに払わないというのでは、キタナイ男だと言われても仕方がない。こういう男は成功しない。仕事仲間からも疎《うと》んぜられて、結局は駄目になってしまった。頭のいい男であったのに——。

どんなことがあっても、ギャンブルでは「鴨」になってはいけない。精力を使い、神経を使い、時に徹夜になり、金を取られ、みんなに軽蔑されるなんて、こんなに馬鹿馬《ばかば》鹿《か》しい話はない。絶対に「鴨」になるな。自分は、ギャンブルにおける「鴨」らしいと悟ったら、即刻やめるべきである。楽しみはほかにいくらでもある。どう考えても「鴨」は、ミットモナイし、損だとしか言いようがない。

そうして、私は、こうも思う。

紳士であるならば、以上のことをすべて心得たうえで、少し負けて（負けようと思えば負けられる）、ニヤッと笑って、キレイに払って、静かに立ち去るようにしたい。博奕で勝ちつづける男というのも、何か騒々しい感じで品が悪い。「鴨」でなく「お客さん」でなく、中年の私としては「いい旦那《だんな》」になりたいものだと思っている。

5　病気見舞

困惑するメロンを持った見舞客

二十歳の頃から交際のある友人が入院した。胃潰瘍《いかいよう》の手術である。

彼は会社員であるが、派手な会社であり、彼自身はヤリテの部長だった。つまりツキアイが多い。しかも、彼が病気らしい病気をしたのはそのときが初めてであった。

彼が退院してきたときに言った。

「いやあ、まいったよ。その御見舞というやつだけれどね。たとえばメロンだけれどね、メロンがいくつきたと思う？　三十だよ。三十箇。五つや六つなら処分できるけれどね。もちろん俺が食べられるわけがない。あれは、どういうつもりなんだろう。それでも客が来るたびにベッドに起きあがって話をしなければならない。そういう気のきかない客にかぎって長居するんだね」

彼は心底から、いまいましく思ったそうだ。

「それでね、そういう人にもやっぱり快気祝いとかなんとかで御返しをしなくちゃいけない。これ、考えてみると、ずいぶん損だね。だって、メロンは、看護婦とか親類の奴《やつ》なんかにやっちまうでしょう。それで御返しとなると実質的にだいぶ損をする。だいたい、胃が悪くて入院している男に食べるものを持ってくる神経というのは、どうなっているんだろう」

実は私も口のなかへいれるものを持っていった。彼が、あと二日か三日で退院するというときに、スープの缶詰を各種そろえて持っていった。スッポン以外は高価なものではない。彼がオカユばかり食べていると聞いたので、これなら変わったものがつくれると思ったからである。また、私は、退院後に、家で使ってもらうつもりだった。彼は私の見舞については何も言わなかった。

「結局は、これだね、ありがたいのは」

彼は両手のヒトサシユビとオヤユビで四角い形をつくった。現金という意味である。

「こっちは恐縮するけれどね。はっきり言って、それがありがたい。だってね、入院というのは金がかかるんだ。それも、莫大《ばくだい》といったような金がね。そこへ、こっちが損をするような御見舞を受けても、御見舞になるかね。つまり、それがメロンだ。だからね、現金で五千円いただく、二千円の快気祝いをする。それが実質的な御見舞じゃないだろうか。露骨な言い方になるけれどね、本当にこっちの身を思ってくれるのならね」

彼の言う通りだと思う。彼は私のことを親しい友人だと思って真実をうちあけたのである。

行きつけの料亭の内儀が白内障で入院した。そのとき、彼女にはガーゼの寝間着を二枚届けた。

彼女は退院してから、友人と同じことを言った。

「うすいものね。ね、うすいもの。これが一番ありがたいや」

うすいものとは現金のことである。文房具店やデパートへ行けば「御見舞」と印刷された袋を売っている。これに限る。

ただし「御見舞」と印刷された袋は、赤の縁取りがあったりして「祝儀《しゅうぎ》」にちかい、メデタイ感じになっているので、持ってゆくなら退院間際《まぎわ》のほうがいいと思う。そうでないときは、別の袋にいれて看護の人にそっと渡すといい。

病気になるということは、肉体的にも経済的にも弱るということである。そこのところを考えないといけない。逆にいえば、弱ったときにはじめて人情というものがわかることになる。完全看護の内科の患者にメロンとか果物の籠《かご》を持ってゆく人の気が知れない。

誰にも会いたくない患者

評論家の村島健一《むらしまけんいち》さんが、やはり胃潰瘍で入院したことがある。彼は手術はしなかったようだ。

私は、もちろん、見舞に行くつもりだったが、念のために、吉行淳之介《よしゆきじゅんのすけ》さんに相談した。村島さんと吉行さんは、静岡高校の同級生である。

「入院しているときは、誰かに見舞にきてもらいたいと思うときと、そうではないときがある。誰にも会いたくないと思うときがある。だから、それを調べてからにしたほうがいい」

吉行さんにそう言われた。そこで村島家によく出入りしている青年に連絡すると、村島さんは、ちょうど、誰にも会いたくない時期であることがわかった。それ以後、私は、吉行さんは人生の達人であると思うようになった。友人だからといって、ただ見舞に行けばいいというものではない。

梶山季之《かじやまとしゆき》さんが喀血《かっけつ》して入院したとき、だから、見舞に行かなかった。客でごった返していることがわかっていたからである。梶山さんから、逆に、離れていても気持ちの通じていることがあるというハガキを貰《もら》ってしまった。

十返肇《とがえりはじめ》さんが入院したとき、吉行さんが、変わった玩具《おもちゃ》とかパズルとかを持っていったのを知っている。それがいかにも吉行さんらしいと思った。

私は、夫人の千鶴子《ちづこ》さんのために、いくらか派手な夏物のセーターとビタミン剤を持っていった。ご承知のような病気だから、看護の人に元気になってもらうというのも御見舞の一種だと思ったから。

病気になると、気持ちが沈んでくる。顔がやつれてくる。こんな顔を見られたくないと思う人もいるだろう。健康な人を見て腹の立つ場合もある。

また、重病人ではなくて、人間ドックのような入院でも、病院生活というものは、かなり忙しいのである。これは私の場合であるが、病院は、案外、夜中でも騒がしいものであって、眠れないことが多く、昼間、これから少し寝ておこうというときに見舞客が来て、大変に困ったことがあった。見舞に行くのが、逆効果になる場合があることも充分に考えておくべきである。

私のもらった嬉《うれ》しい見舞品

三年前に、私は、京都の病院に入院した。糖尿病の検査のためである。そのときにいただいたお見舞のことを書いておこう。

花。なくても淋《さび》しいが、あって困るということもある。花をいただくと花瓶がいる。病院の売店で花瓶を買う。これは、つまらない出費である。売店でロクな花瓶を売っているわけがない。見ていて不愉快である。帰りには置いてきた。水をかえないといけない。病人は万事につけて敏感になっているので、夜中に臭《にお》ったりすると気になって仕方がない。立派な花束を三つも貰うと、病室が祭壇じみてくる。鉢物は「根つく」といって嫌う人がいるし、枯れてくるのも厭《いや》な気分だ。さらに、花粉が喘息《ぜんそく》の患者に悪い場合もある。

寝間着。これは何枚あってもありがたいものである。病院内では、寝間着が唯一《ゆいいつ》のオシャレである。

盗汗《ねあせ》をかくから、二十日間の入院で寝間着が五枚あっても多すぎるということはない。洗濯に出しても一日や二日では戻ってこない。ガウン、褞袍《どてら》、上等の毛布などを呉《く》れる人はめったにはいないが、これもありがたい。

書物。こういう機会でないと読めない古代史の書物を送ってきた人がいて、これは嬉しかった。スケッチ・ブックと色鉛筆というのも嬉しかった。

これは貰ったのではないけれど、双眼鏡があるといいと思った。病人は外界との接触を願っている。病院は、だいたいにおいて眺めのいいところに建っているし、屋上は散歩用になっている。

手紙。これはもう一番ありがたいものであるけれど、返信を必要とするものは困る。親切で書いているのだろうけれど、一日も早い退院を待っています、何日頃になりますか、とか、検査はどのへんまで進んでいますか、とか、私も検査をしたいのですが費用はどのくらいかかりますかといったような手紙を貰うと、返辞を書かなければならず、気が重くなってくる。

友人が二人で留守宅へ行って、女房を相手に遅くまで酒を飲んだという手紙がきた。これなんかもありがたい。気になるのは留守宅である。おそらく、女房は、いろいろ頼みごとをしたと思う。

病院に見舞に行くときは、看護婦が案内してくれて、ドアをノックして入れてくれるのではない。番号を頼りにして行く。ドアのない病室もある。だから、そのタイミングがむずかしい。病人がどういう状態でいるかわからない。

面会時間には、こちらは、ある程度の心の準備をしている。そういうときに、ふらっとやってくる客が嬉しい。何月何日と予告されると、ソワソワしていけない。

病室は、寝室であり居間であり書斎であり台所である。見舞客で、それも親切なのだろうけれど、勝手に抽出《ひきだ》しをあけたり、卓のうえのメモを読んだりするのは、これはもう論外であるが、実際にそういう人がいるのである。これは知人に聞いた話であるが、卓上の手紙の束を見て、誰某からはハガキ一枚きていない、ケシカラヌなどと言った人がいるという、ケシカラヌのはその男である。

見舞の品を送るとき、自分で見舞に行くとき、自分が入院しているつもりになって五分も考えれば、メロンとか果物の籠とか大きな花束などを持ってゆくことが、いかに馬《ば》鹿《か》げているかがわかるはずである。

そのまえに、近親の人に、見舞に行くべきかどうかを訊《き》くのがエチケットというものだろう。

6　来客の心得

嫌われる客とは？

夫婦間の諍《いさか》いの原因には、案外に、来客のことが多いのではないかという気がする。
妻「あの人はいやよ。あの人を呼ばないようにしてちょうだい」
夫「そうかねえ。あれは本当はいいヤツなんだよ。俺の仕事の面でも役に立っているしね」
妻「趣味が悪いのよ。それに、偉そうにするでしょう。あの人が来ると疲れちゃうの」
夫「気が小さいんだよ。それで、うちへ遊びにくるのをとっても楽しみにしていてねえ」
妻「そうかしら。ちょっと図々《ずうずう》しいんじゃない？　とにかく、あの人はお断わりだわ」
そういう場面が目に見えるように思う。この場合、妻の直観が正しいか、夫の冷静な判断が正しいか、それはわからないが。

妻の厭《いや》がる客の一例は、料理のことに精《くわ》しすぎる男である。それも、米の炊《た》き方、味噌汁《みそしる》のつくり方、漬物の漬け方といった基本的なことに精通している客が困る。野菜、海草類、ラッキョウ、ニンニク、ウメボシなどについて、妙に知りすぎている男がいる。これが困る。

「いったい、てめえは、自分の所ではどんなもんを喰っているんだ」と言いたくなる客がいる。

「ウメボシのことにそんなに精しいところをみると、ははあ、お前さんは婆《ばあ》さん育ちだな」と言いたくなることもある。

妻にしてみれば、家計のヤリクリ、親類づきあい、夫の操縦、育児、掃除、洗濯、料理、化粧などの総合点で判断してもらいたいという気持ちがある。それを、漬物やウメボシで攻撃されてはかなわない。

男のほうは、その気になって研究すれば、たちまちにして漬物の権威になることができる。女のほうは、それだけでは済まない。そこで、そういう男は、イヤなやつということになってしまう。料理にかぎらず、女の領分に踏みこんでくる客は歓迎されない。それは女の敵である。

五人か六人の客が来るとする。それは気のおけない友人であり、仕事仲間であったりする。

私は、時分時《じぶんどき》になればカツ丼《どん》でもテン丼でも取ってやればいいと思う。ところが、女房のほうは、そうはいかない。あれこれと神経を張りめぐらすことになる。

客が来るのがわかっていてモテナシの準備が出来ていないというのは女の恥であるらしい。あの家へ行くと、いつも店屋物ばかりだと言われるのが辛《つら》いようだ。

私はこう思う。チャーシューメンでもカツ丼でもいいじゃないか。それで文句を言うような男は友人ではない。そんなヤツは来ないでもらいたいし、呼んだおぼえもない。ご馳走《ちそう》をするときは、しかるべきところでチャンとご馳走する。

また、自分が客になった場合、気軽に「奥さん、腹がへったから、カツ丼でもとってください」と言えるような家へ遊びに行きたい。「お酒がありましたら、冷やで、コップに一杯だけ飲ましてください」と言えるような――。

ところが女のほうは、そうはいかない。なにか手のこんだものをつくらないと失礼になると思っているようだ。これは男と女の違いであって、どうにもならないことなのかもしれない。

何もしないのも最高のサービス

私の家では、毎月一日、将棋の稽古《けいこ》日がある。三時にはじめて、八時か九時に終わる。

夕食は寿司《すし》のチラシにきめている。あとは、菓子、センベイ、果物を皿に盛って、勝手に食べてもらう。お茶は「押してください」の魔法瓶を置いておき、これも勝手に飲んでもらう。

しかし、はじめの頃は、というより半年前までは、そうはいかなかった。

夕食には酒が出る。酒にはツマミが必要になる。それも、凝ったものが出る。スープが出る。サシミの盛りあわせ。肉はステーキか生姜《しょうが》焼きかポークカツ。食後のフルーツ、アイスクリーム。稽古中は、女房はつきっきりでお茶をいれかえる。コーヒーを淹《い》れる。リンゴの皮をむく。

女房とすれば、独身で下宿している若手棋士に家庭の味を味わわせてやりたいと思ったのだろう。

客のモテナシということを、つきつめて考えていくと、どうしてもそんなふうなサービスの仕方になってしまう。女房は疲れてしまった。私も悪かった。酒を出すのがいけない。まず、稽古が終わるまで、酒を出さないことにした。

それがいまのようになるまで、時間もかかったし、言い争いもあった。

将棋を指しにくる稽古仲間からすれば、食事なんかどうでもいいというわけにはいくまいが、それは二の次である。食事に時間をかけるよりは一番でも多く将棋を指したいのである。それに、ご馳走を出されると、気が重くなる。来るときに手土産が必要だと思うようになる。「人を見て法を説け」とはこのことだろう。

酒なし。ご馳走なし。手土産なし。お茶は自分でいれる。これが、この際の最高のサービスなのである。

私の家は非常に客が多いが、奥さんが大変でしょう、めんどうでしょう、気疲れするでしょう、お金がかかるでしょうと言われることがある。一般に、小パーティー、小宴会の開き方について訊《き》かれることもある。

私は、いつでも、何もいらないと答える。準備すべきことは何もない。

友人たちが集まったところで、何が食べたいかを訊く。寿司がいいと言う。ウナギがいいと言う。テンプラそばでいいやと言う。あとは電話をかければいい。

酒もそうだ。日本酒でも、ウィスキーでも、ブランデーでも、ジンでも、無いものは電話で取り寄せればいい。われわれは山の中に住んでいるのではないのだ。

女主人の笑顔がご馳走

三時に全員が集合した。バーベキューがいいと衆議一決する。きみは肉を買ってきてくれ、あなたは野菜、おまえは炭、俺は道具を借りに行くから、そのあいだに、あんたタレをつくっておいてくれ。それで三十分ですべてがそろってしまう。そのほうが楽しいと思う。小宴会なんかは「さようしからば」でやるべきものではない。

パーティーだということで、準備万端を整える。友人の一人が茶巾《ちゃきん》寿司を持ってくる。一人がお稲荷《いなり》さん。一人がサンドイッチ。それぞれの顔を立てて食べはじめるが、食べきれない。夫人が前夜からつくったローストチキンがまるで売れない、といった経験がありはしないだろうか。

私は、ちいさなパーティーにおける最大のサービスは、その家の女主人の笑顔だと思っている。女主人が、気軽に楽しそうに振舞ってくれればいい。

それが、たいていは、何やら緊張でこわばっていたり、殺気だったりしている。台所でうしろを向いていて、涙ぐんでいるのではないかと案じられたりする。厨房《ちゅうぼう》を離れない。深夜に近くなって、やっと夫人が出てくる。すぐに後片づけになる。これでは、客が厭《いや》がらせをされているような気分になる。

私のような「何もいらない」のは極端であるが、客も気楽、その家の夫婦も気楽というのが一番ありがたい。

二種類ある深夜の客

女にとって、もっとも辛いのは不意の来客である。これといった食べもののないとき

女主人の笑顔がご馳走

は、文字通り「台所を見られる」という気持ちになるらしい。特に深夜の客が困る。酔っているから始末がわるい。

高橋義孝先生は、深夜の客には、大歓迎すべき客と、マッピラゴメンの客の二種類しかないと言われたことがある。私も、なんだか、そんなような気がする。

深夜の客は、もうあまり飲めない、ほとんど何も食べられないという状態でいることが多い。客のほうも恐縮している。

二年ぐらい前、十二時を過ぎてから友人の家へ行ったら、夫人が、ちょっと待ってくださいと言って台所へ入って一時間半ばかり出てこない。

やっと出てきたと思ったら、大皿に山盛りの精進揚げと鍋《なべ》一杯の野菜スープが出てきて驚いたことがある。

私は、深夜の来客、不意の来客があったとき、残りものを工夫して簡単なツマミをつくるのは、酒呑《の》みの女房に必要不可欠の才能であると思う。台所で、チャチャッと手際《てぎわ》よく何かをつくってしまう夫人というのは、見ていて気持ちがいい。

私が、たまたま、深夜の客になったときは、たとえば、夫人が、ウニとかイクラを出そうとしているのがわかったとして、そんなときは、大声で、奥さん、もう、それだけで結構ですから、あとは何も食べませんからと叫ぶことにしている。

しかし、こんなこともある。

私の家で、三人で酒を飲んでいた。一人の友人を自動車で送っていった。友人の家の応接室へ通された。彼はスコッチウィスキーを持ってきた。三人とも酔っていて仕事の話になった。一時間ばかり経《た》った。何も出てこない。主人でないほうの友人が叫んだ。

「奥さん、塩かなんかありますか」

すると、壁のむこうで声があった。

「あのう、食卓塩ですか、アジシオですか、それとも岩塩でしょうか」

7 葬式の心得

最初に必要なのは死亡診断書

人の死は突然にやってくることがある。そうでなくても、あと半年は大丈夫だと医者が言っていた病人が急にいけなくなることがある。葬式はマッタナシである。どんな場合でも、誰でも慌《あわ》ててしまう。慌てるなと言うほうが無理だ。葬式の準備万端ととのえて死者を待つということはあり得ないのだから。

結婚式とはそこが違う。結婚式には充分な準備期間がある。また、若い人の意志で、思い思いに、どんな形で結婚式を挙げてもいい。あるいは、場合によっては結婚式は挙げなくてもいいのだ。

葬式は、やらないわけにはいかない。結婚式は、その人にとって、一生に一度のこととは限られていないが、葬式は、故人にとって生涯一度のことになる。

葬式は宗教のことに属する。仏式で営むか、神式で行なうか、キリスト教に依《よ》るか、あるいは無宗教で行なうかということがある。そんなことは、その家の信仰があるのだから、きまっているじゃないかと言う人がいるだろうけれど、案外に、そうではない。そこに日本の特性がある。故人が、死の一週間前に、突然、洗礼を受けるということもあるのだ。

大学生が山で遭難した。その葬式は、葬送行進曲と、故人の好きだったブラームスの交響曲のレコードを交互にかけ、献花だけで行なわれた。私はこれでいいと思う。なぜならば、彼が仏教に目ざめるか、キリスト教に帰依《きえ》するかということは、まだわかっていないからである。その彼に何かを押しつけることはない。

さて、慌てるなというほうが無理だと書いたが、それは二時間か三時間、せいぜい半日ぐらいの間であって、取り乱したって少しもおかしいことはないが、その後は落ちついてもらいたい。

葬式の最初は何だろうか。最初に必要なのは、医師の死亡診断書である。当たりまえだと思うかもしれないが、慌てていると、貰《もら》いそこなったり、病院の担当医が非番になって帰ってしまったりすることがある。死亡診断書を病院に置き忘れたりすることもある。それがないと埋葬許可証(区役所か市役所で発行される)が貰えなくなり、葬儀社が動けなくなる。

自宅で亡《な》くなるというときに、医師がその場にいない(まにあわない)ときには変死の扱いになる。そういう際には、特に死亡診断書が大切になる。医者にも正確な死因がわからないときがある。脳溢血《のういっけつ》なのか心筋梗塞《しんきんこうそく》なのか。そういう時には、私は便法として心臓発作にしてもらったほうがいいように思う。たとえば、故人が検査を受けない生命保険に加入していた場合など、脳溢血であると、血圧が高いのを隠していたといったように受けとられて面倒なことになることがある。そのへんのところを私は正確に知っているのではないが、医師と相談して、手落ちのないものを作製する必要があるのではないかと思う。新聞の死亡広告で、世間に発表して具合のわるいような病名が書かれているのを見たことがないので、やはり、そういう便法が行なわれているのだと考えている。

病院で死亡診断書を貰うときは、同時に、担当医にカルテを読んでもらう。特に、最後のところは、何時何分にどうなって、どういう手当てをしたかということが精《くわ》しく記入されているから、これをメモしておいたほうがいい。葬儀の責任者は報告の義務があるのだから。

また、悔みの客に、繰りかえし報告を行なっているうちに、衝撃や悲しみが薄らいでゆくという効果がある。遺族も医者も、出来るだけのことは尽くしたのだということがわかってくる。

棺《かん》を蓋《おお》いて事定《ことさだ》まる

葬式には莫大《ばくだい》な費用がかかる。これをどうするかということで慌ててしまう。また、どういう形式を選ぶかということで困惑する。寺も墓も遠い郷里にある。どうしたらいいか。誰に知らせたらいいか。つまり、葬式の規模をどの程度にしたらいいかということがある。きわめて厄介な問題が次々に降りかかってくるような気がする。

森鷗外の『礼儀小言』に、次のような箇所がある。

「徂徠《そらい》の『人々以己心所安断之可也』は、訳して云《い》えば『手《て》ん手《で》に気の済むやうにするが好《よ》い』となる。」

徂徠は荻生《おぎゅう》徂徠である。彼は、仏葬にするか儒葬にするかという問題について、そう答えたのである。自分でいいと思ったようにすればいい。

私は、この「手ん手に気の済むやうにするが好い」というのは、葬式にかぎらず、すべての礼儀作法についての根本精神であると思っている。勝手にやればいい。

そう思って心を安らかに保っていればいい。これが礼儀作法の要諦《ようたい》である。

「棺を蓋いて事定まる」という諺《ことわざ》がある。死んでみて、はじめてその人の真価がわかるという意味であろうが、これも好きな言葉だ。

葬式には莫大な費用がかかるのであるけれど、私には、葬式によって赤字が生ずるということは、まず考えられない。私は、その葬式に見合うような香奠《こうでん》がくるはずだと考えている。

「棺を蓋いて事定まる」という言葉を、そういうふうに解釈する。大きな事業をやっていた人や、交際の派手であった人は、葬式も盛大になる。そういう人には、それに相当した香奠が集まってくるものだ。

葬儀社が、ランク別による定価表のようなものを持ってくる。まあ、だいたいこんなところだろうというあたりで式を行なえば、それでおさまるのである。すこしも心配することはない。

死亡通知は、親類の主だった人たち、友人、知人、会社に勤めていれば総務部関係の一人に知らせれば、それからそれへと伝わって、自然に規模がきまってくる。通夜《つや》の客が多過ぎるようになれば、葬儀社が庭に仮小舎《かりごや》をつくってくれる。町内会で天幕を貸してくれる。

余裕がなければ質素にやればいい。景気がよければ盛大にやればいい。そういうことも自然にきまってくるものであって、世間体を気にする必要はまったくないと考えている。葬儀用として百万円の余裕があれば、それを使いきってしまえばいい。しかし、そのために借金をするというような馬鹿《ばか》なことはしないほうがいい。法要とか、悔みの客に対する御礼など、後に、いくらでも機会があると思っていい。余裕ができたときにすればいい。

ただし、現在は、たとえば、戒名のことなどは寺の格によって、院号によって、非常に高価になっているので、そちらの方面に精しい人に相談しておくべきだと思う。

香奠返しは不必要

香奠というものは、本来なら、葬儀を手伝い、悲しみをともにわかちあいたいのであるが、諸種の都合によって、それが出来ないので代わりに差し出すという意味あいのものだそうである。したがって、香奠返しというものは必要がないばかりか、そうすることは、かえって失礼に当たると考えるべきである。

よく、香奠・供《く》物《もつ》・供花はいっさいお断わりという例があるが、それも礼を失することになると思う。私などは、こちらの気持ちを拒絶されるようで、いい感じがしない。

もっともスマートなやり方は、簡単な葬儀の会計報告を行ない、残高を示し、それを、故人の関心に従って、福祉なら福祉、教育なら教育、あるいは自然保護でも何でもいいのだけれど、関係方面に寄付することだと思う。その受け取りのコピーを、いわば香奠返しの形で発送する。そうして、そういうことに理解のない、ウルサイ親類には、形式通りのものを送ればいい。

昭和三十四年に母が死んだときには、私はそんなふうにした。ところが、やっぱり厭《いや》なことを言う奴《やつ》がいるものであって、ずいぶん辛《つら》い思いをした。ここで、正直に、正確に書くと、そのときの私には、普通の香奠返しをするだけの経済的な余裕は無かった。というより、当時、私の家は破産状態で、私の月給二万五千円ぐらいで八人が食べていたのである。まあ、言いたい奴には言わせておけと思ったが、ずいぶん腹が立った。

昭和四十二年に父が死んだときは、前回のことがあったので、竹茗堂《ちくめいどう》からお茶を送って香奠返しにした。香典の五分の三ぐらいの金額を見当にした。そのときは、家を買って間のないときで、やはり、余裕といったものはなく、借金が残っていた。しかし、父の入院費用、毎月三十万円から五十万円というものが無くなるので、ホッとするようなところもあった。

翌年、父の一周忌に、女房の発案で、銀座のいづみ屋で小物箱をあつらえて、葬儀に来てくれた人に配った。父は長唄《ながうた》の「時雨西行《しぐれさいぎょう》」が好きだったので、西行の唄本を箱の底に貼《は》った。

そのときは、ちょっと無理をしてしまったのだけれど、母のときのことが頭にあった。そのように、香奠返しというものは、しなくてもいいものだと思うけれど、余裕が生ずれば、いつでも志を伝える機会があると考えている。

先日、ある小説家の机の上に、その小物箱が載っている写真を雑誌で見た。私は、大変に嬉《うれ》しく思い、ありがたいことだと思った。そうして、その小説家に小物箱を送ったとき、丁寧な礼状を貰ったことを思いだした。

8　背広の選び方

日本人に洋服は似あわない

デパートへ行って、紳士服売場へ行って、ちょいと見て、体に合ったツルシンボウの背広上下を買ってくる。

それが、襟のところや、上着のポケットの裏あたりが擦《す》り切れてしまうまで、それ一着で通す。奥様が、見るに見かねて、新しい背広を買ってきなさいと言う。そこで、またデパートへ行って洋服を買ってくる。古いほうの背広のズボンは自宅での普段履きになる。

こういう人がいたとしたら、諸君はどう思うだろうか。ケチな人、無趣味な人、汚ない人、身だしなみの悪い人……。どれに当たるだろうか。

私は、この話を聞いたときに、なんという育ちのいい人であるかと思った。少年時代に、親が金持ちであったかどうかしらないが、すくなくとも金の苦労をしないで育った人だと思った。さらに、これぞダンディズムの極致であるとも思った。

この人は、フランス哲学者であり、山歩きや絵のほうでも知られている串田孫一《くしだまごいち》さんである。私は串田さんと特別に親しいわけではなく、串田さんのことをよく知っているのでもない。それでも、育ちのいい人だという直観は間違っていないと思う。洋服のことで言うならば、とても叶《かな》わないと思った。

私の息子は、串田さんの長男の串田和美さんと親しくしている。和美さんは劇作家であり演出家であり役者である。私は、和美さんは日本でも有数の作家であり、すぐれた新劇俳優であると思うが、有名になったり金を儲《もう》けたりすることを極端に嫌う人だから、名前を知っている人は少ないだろう。串田孫一さんとか、串田和美さんの話を聞くと、私は、一発ガツンと殴られたような気分になる。

この洋服のことひとつでも、真似《まね》ようと思ったたって真似られるものではない。しょせん、育ちが違うのである。

文壇でダンディな人の名を三人あげろと言われたら、誰でも一人は吉行淳之介さんを選ぶに違いない。

ところが、この吉行さんの服装は串田さんにひじょうに近いのである。ワイシャツを着てネクタイをしめてという姿を私は見たことがない。スポーツシャツである。それも変哲もない、それほど高価にも見えないシャツを着ている。丸首でなく、襟のついたシヤツである。

それでいて、イイのだから、これも叶わない。どういう恰好《かっこう》をしても似合ってしまう。また、この服装にかまわないという感じが実にダンディである。

あるとき、某誌の企画で、吉行さんと対談をすることになった。吉行さんは病後であるし先輩であるから、吉行さんの家の近くの料亭を会場にして、私が迎えに行くことになった。

この対談には趣向があって、吉行さんも私も編集者も着物で出席することになっていた。私が吉行さんの家へ行くと、来客があって、別室で少し待つことになった。

吉行さんの奥様がお茶を持ってこられる。それから、お茶ではなく、何か忘れたが、この奥様が何かにかこつけて何度も部屋に入ってこられる。そのうちに、私にも様子がわかってきた。この奥様は芸能界のほうの方なので、私の着ているものが気になるのである。もう一度書くが吉行さんは気にしないほうの人である。

私は、高橋義孝先生にいただいた結城《ゆうき》を着ている。帯も先生にいただいた総絞りである。悪いものではない。

奥さんは、かなり苦心をされたらしい。吉行さんは、おい、これでいいだろうかと言って、荒い絣《かすり》の着物で部屋に来られた。なんだか、ぎこちない。これでいて、イイのである。つまり、これはもう仁《にん》とでも言うよりほかにない。

私は町で美人を見かけると、まっさきに、エクスペンスィブ（金のかかる）という感じをうける。美人は何を着ても似あってしまう。着物よし、毛皮のコートよし。だから金がかかってしょうがない。これが美人の幸であり不幸である。

これは、洋服のことを考えるとき、ひじょうに大切なことである。何を着ても似あわない、よく見えないという人がいる。金をかけると、かえっておかしいというときもある。

そうして、まず、日本人には洋服は似あわないのだと思ったほうがいい。

選び方――材質か、仕立てか

私は、知りあいのアメリカ人に、洋服の窮極は何であるかを質問したことがある。

「マテリアル（材料）です」

と、彼は答えた。

これは正解であると思う。グレイのフラノのスーツを着ている男がいる。あるいは紺サージの男がいる。目立たない。ところが、そばへ寄ってみると、なかなかいい布地である。そう思って、洋服だけをつくづくと見ると仕立てもいい。こういうとき、私は、ゾクゾクッとする。畜生、やられたと思う。

だから、五着の背広を三着にしても、材質のいい（従って高価な）背広を着るというのがひとつの方法であると思う。この場合は、柄物でなく、グレイか紺か茶の無地、もしくは派手にならないペンシル・ストライプがいいように思う。これなら間違いがない。（ただし、似あわない人はどんなものを着たって似あわないということをお忘れなく）

多分、別のアメリカ人は、こう答えるにちがいない。

「洋服は仕立てです」

高橋義孝先生は、日本人の洋服と外国人の洋服の違いは、日本人の場合は、遠くで見るとよく見えない、そばへ寄ってみると、丁寧な仕立てであることがわかる、反対に、外国人の場合は、遠くで見ると恰好がいいと言われる。これはデッサンとクロッキーの違いではないだろうか。

特にアメリカ人の場合は、冬でも、ぴらぴらしているようなズボンを履いている。それでいて、いかにも、これが洋服だという印象を受ける。着こなしが身についている。そばで見ると、全くの安物であることがわかる。

これは、外国人と日本人との体つきの違いからもきている。外国人は、胸幅が広くて厚く、足が長い。そもそも、ワイシャツにネクタイという姿は、こういう体つきの人のための服装であると思う。小さくて猫背で手足の短い日本人が背広でネクタイというのがおかしいのである。

しかし、われわれは、すこしも悲観することはない。外国人が着物を着たり、浴衣《ゆかた》を着たりすると、やっぱりおかしいのである。

「初めは誰でも失敗する……」

そこで、洋服はマテリアルですという考えに対する、仕立てのほうを敷衍《ふえん》してゆくと、ぴらぴらしたものでもいい、安物でもいい、その仕立てなり、流行の色であるなり、自分の気にいった柄であるなり、あるいは、その人のアイディアなり、なんでもいいけれど、五着のところを三着にするというのとは逆に、十着なり十五着なりにするというのが、洋服におけるもうひとつの考え方になると思う。どっちでもいいと思う。私は、こういう考え方でいるところの友人（ベスト・ドレッサーといっていい）を何人か知っている。それは、見ていても気持ちがいい。

ただし、私自身は、前者のほうになる。それは、無難であり、柄を選んだりする面倒がないということであり、洋服屋へ足を運ぶ回数が少なくなるということであり、私が、柄とか色とか仕立てについて自信をもっていないということの証左になる。私は、洋服についても着物についても自信がない。

結局、背広については、マテリアルでゆくという考えで押し通してゆくか、それとも、広く言って、アイディアとか工夫でゆくかの二通りしかないのだと思う。その中間はあり得ないのではないだろうか。

しかし、ネクタイに関しては、これは後で別の項目を立てて書くことになると思うけれど、行きあたりばったりで、メチャクチャに、そのときいいと思ったものを買ったほうがいいと思う。ネクタイは試行錯誤でゆくべきだ。（高くなったけどねえ）

私は、文壇で言うと、大江健三郎さんの洋服の趣味はとてもいいと思う。私は大江さんと親しい関係にあるのではなく、たまにパーティーでお目にかかるだけで、それも遠くから見るだけなのだけれど、いつでも清々《すがすが》しい感じを受ける。大江さんは、マテリアルのほうの側だという印象を受ける。

むろん、文壇でも、学界でも、このほうの第一人者は高橋義孝先生である。先生は、何でも似あってしまう人であり、かつ、服装について気をつかうほうの人である。

高橋先生が、あるとき、私に言った。

「初めは誰でも失敗するんですよ。私だってそうだった。変な洋服をつくっちゃってねえ。高い金をだして。俺が洋服を着てるぞという洋服だった。やっぱり、痛い目にあわなくちゃ……」

友人の伊丹十三《いたみじゅうぞう》も同じことを言った。

「そりゃ、ひどい目にあいました。当時、痛かったですよ。変なチェックの洋服をあつらえちゃってねえ」

彼は、いま、サファリ・ルックで通しているが、私はひそかに、あれは彼の本意ではないと思っている。

9　「電話いそげ」

不愉快な電話、三つの実例

いまから約二十年前のことになるけれど、電話のことで若い女子社員を怒鳴りつけてしまった。

そのとき私は出版社に勤めていたのであるけれど、著者からの電話に出た彼女が、話が終わって、いきなり、ガチャンと、実に乱暴に受話器を置いた。もし、先方がまだ電話を切っていなければ耳が痛いだろうと思われるくらいに大きな音がした。

そのとき、私は怒った。私は、こう言った。

「この電話機は会社のものであるかもしれない。あるいは電電公社のものであるかもしれない。しかし、会社のものであるから、公社のものであるからといって乱暴に扱っていいという法はない。もっと丁寧に扱いたまえ」

その女子社員は、仕事のできる、優秀な女性であった。彼女は、なぜ叱《しか》られたのかわからなくて、キョトンとしていた。私は、二十八歳か二十九歳であったはずで、血気さかんなものがありましたナ。現在の頑固親爺《おやじ》の面目躍如《めんぼくやくじょ》というところでありましょうか。

しかし、私は、いまでも自分の言葉は正しかったと思っている。第一にこういう光景は見た目が悪い。見ていてミットモナイ。私は見た目の悪いものは悪《あく》であるという考えを抱いている。

私の考えや、そのときの言動が間違っているかどうか、サラリーマン歴十年以上という人にうかがってみたいと思っている。

私の叱った女子社員は進歩的な思想の持主でもあった。いったい、進歩的ということと、こういう日常の挙措動作とどういうかかわりがあるのだろうか。

電話に関する、もっとも不愉快な光景は、次のようなものである。

会社におけるある部署で、七人の社員に対して二箇の受話器が置いてあったとする。その電話が鳴る。

誰も受話器を取ろうとしない。誰かが取るだろうと思って、仕事あるいは雑談を続けている。信号が五回鳴ったあたりで、一人が、やれやれといった調子で受話器を取る。

こういうときに、それが自分の会社ではなく、たまたま訪れた余所《よそ》の会社であったとしても私は腹が立つ。すべからく、会社の電話であるならば、リンと鳴ったら七人の手がいっせいに伸びるというようでありたい。こういう考えも古臭いだろうか。私はそうは思っていない。会社勤めには会社勤めのルールがあると思っている。

ああそうだ、いま思いだした。私の叱った前記の女子社員は非常に律義《りちぎ》な人で、私用の電話を掛けるときは必ず外出して公衆電話を使っていた。立派な女性だと思っていた。

しかし、このことに関しては、私は、いまでは、その女性のやり方は古臭いと思っている。

私用でも会社の電話を使っていい。なぜならば、その女性が、外出して赤電話をかけて席にもどってくるまでの五分間なり十分間は、もったいないし、彼女がその席にいるということが非常に大切な仕事の一部になっていると考えているので——。

また、彼女が、仕事のために遅くなるので、先に食事をすませてくれと自分の母に連絡するといったようなことは、私は私用ではないと思っている。

こう書くと、いまの若い社員は驚くかもしれない。しかし、二十年前は、こういった公私のけじめについてはうるさく教育されたものである。そうして、サラリーマンのモラルは、古いものは古くなるし、永遠に正しいものは正しいのである。

電話いそげ

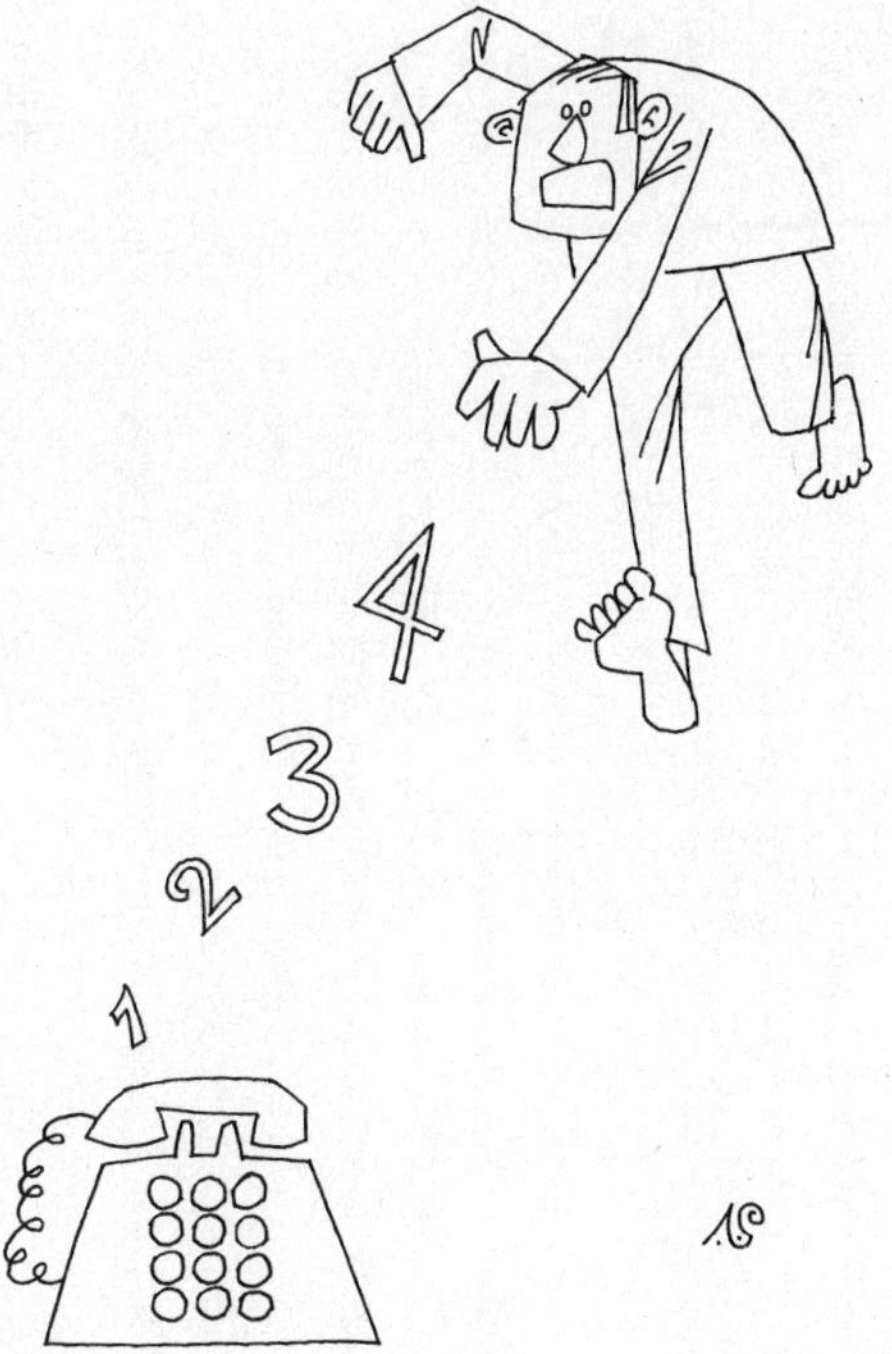

何回鳴ったら相手が留守か

亡《な》くなった十返肇さんは、電話が鳴ると「電話いそげ（善はいそげ）」というのが口癖だった。十返さんはそう言ってニヤニヤ笑った。これは駄洒落《だじゃれ》ながら至言であって、電話が鳴ったらすぐに出たほうがいい。見ていて気持ちがいい。

いったい、電話が鳴ったときに、信号何回で電話に出たらまにあうだろうか。逆に、こちらから電話をかけて、信号が何回鳴ったら留守だとあきらめるか。

私は七回である。もし、相手が一人とか二人という家庭であったり、電話のある場所が居間でないとわかっている家であったりするときは十回まで待つ。

評論家の村島健一さんは、こう言った。

「信号が五回鳴る。相手が出ない。そういうときは、いったん切る。もう一度ダイヤルを回す。相手がいるとすれば、受話器のそばまで来ているはずである。だからすぐに出る。二回目の電話で、信号が三回か四回鳴って出なければ、相手は不在である」

私の所は、一人息子がアパートのほうにいるので、女房との二人暮しである。女房が買物に行く。私が風呂《ふろ》に入っているか便所にいるかというときに電話が鳴ると困る。女房風呂の場合はタオルを腰に巻いて飛んでゆくが、便所のときはとても困る。すぐには出られない。信号が止《や》む。ああ、やんぬるかなと思う。こういうときに村島方式だとありがたい。

こちらが電話をかけて不愉快な思いをするのは、むこうが受話器をとって、モシモシと、さも不機嫌そうな、もの憂《う》いような低音で出てきて、私が自分の名を言うと、アラ、山口サン？　と急に花やいだような声を出されるときである。こういうのは、私の経験でいえば、女流作家・女流詩人・女性編集者などに多い。

警戒心が露骨にあらわれるのがイヤだ。もし私でなくて誰かさんであったら、あの不機嫌そうな低音で押し通すつもりなのだろうか。そういう感じが、とても厭《いや》だ。

また、電話をかけてきて「○○社の○○部の○○です」と名告《なの》るのも、初めての人ならいざしらず、五年も六年も家族ぐるみで親しくつきあっている人の場合は、うんざりする。私は、○○社の、と言われたときに、もう相手が誰だかわかっているのである。なんという他人行儀かと思ってしまう。まして、その人の名がめったにはない名である場合、馬鹿《ばか》丁寧に言う必要はまったくない。

その点、私のような、ありふれた姓であると困る。朝、会社へ行って一仕事をすませ、昼食して戻ってきて、ある男に電話をかけると、眠そうな声で、おい、いま何時だと思ってるんだようと怒鳴られた。その男は芸能関係の人で、起床は午後二時であるという。彼の事務所に山口という男がいて、それと間違えられたのである。私は、自分が女名前であるので、どうもフルネームで名を言うのが、いまだに恥ずかしい。

電話をかけて、いきなり向こうが「○○です」と言ってくれるのは気持ちがいい。私の知るかぎり、評論家の荒正人《あらまさと》先生の奥様がそうだし、イラストレイターの柳原良平《やなぎはらりょうへい》夫人もそうだ。

言葉づかい――二つの対照的な例

電話の問題は、一にも二にも言葉づかいのことになる。よく、関西弁で、やわらかく、ソウでもありソウでもないようなアイマイなことを言っていたほうが難が少ないと言われるが、私は、やはり、標準語でテキパキと片づけてもらいたいと思う。電話というものは、私のものであり同時に公《おおや》けのものだと考えているので、用件を短時間ですませるべきだと思う。

出版社に電話をかける。相手の友人は部長になっている。すると、交換手が、まだ部長は見えていませんと言う。私は何度か怒ったことがある。なるほど、交換手の席から部長は見えないかもしれないが、見えるというのは最上級の敬語なのである。自分の会社の男に敬語を使うのは、これまた最上級の無礼である。午前十一時に電話をかける。その部署の女子社員が出て、部長はまだ参っておりませんと言う。これは言葉としては正しい。しかし、私は間違っていると思う。

なぜならば、こっちは、ハハァ、ずいぶん呑気《のんき》な商売だな、いい御身分だな、ああまた遅刻かと思ってしまう。こういうときは、嘘《うそ》でも、一軒廻ってくることになっておりまして、まだ会社のほうに参っておりませんと言うべきである。こちらは、前の晩に遅くまで一緒に酒を飲んでいたのですぐに嘘だとわかるが、その場合でも、彼の部下が彼をかばっているのがわかっていい気分になる。

高橋義孝先生は三男二女のお子持ちであり、私が仲人《なこうど》をした末の坊ちゃんは、生まれたばかりのときから知っているが、五人の子どもの言葉づかいがまことにいい。丁寧で、メリハリがあり、出過ぎるようなことはまったくない。

私はそのことを不思議に思っていた。なぜならば、先生のふだんの言葉づかいは、べランメエで、相当に乱暴なのであるから。

先生は、こう言われた。

「電話をかけるときの言葉を聞いているからです。電話では、ちゃんとした言葉をつかいますから」

私は、なるほどと合点《がてん》した。電話というのは、子どもに対して、あるいは会社にいるときには若い社員に対して、言葉づかいについての、またとない教育の道具だと思う。

そこでは、ある種の他人行儀が、立派に通用するのである。しかし、親子の間で、あるいは社員同士で、ふだんの会話における他人行儀は、これはおかしい。

しかし、高橋先生は、いつでも、そんな他人行儀で電話をくださるとはかぎらない。

私が京都の病院に入院しているときに、先生から見舞の電話が掛かってきた。

「おいおい、すぐに帰ってこい！」

先生の言葉はそれだけで、電話は切れた。

10 食器類

洋皿に刺身——女郎買いの糠味噌汁《ぬかみそじる》

友人・知人の家に遊びに行き、夕食をご馳走《ちそう》になる。そのとき、たいていは、食器類があまりにもお粗末なのでガッカリしてしまう。

食卓の中央に、グラスが置いてある。これに竹の箸《はし》が十数本突きささっている。どれでもお取りなさいという。これでは一膳飯屋《いちぜんめしや》か飯場か、軍隊である。箸置がない。仕方なく、小皿にたてかける。まことに不安定である。その小皿に鉄腕アトムの絵が描いてある。

肉が出る、その肉を盛った皿が透明であって、食卓の模様が透けて見える。刺身が出る。それが洋皿に盛ってある。ショート・ケーキをのせるにふさわしい洋皿である。醬油《しょうゆ》注ぎは、メーカーの名の入ったガラス製。ソースは瓶のまま。マヨネーズは、歯磨のチューブみたいな徳用大型が突っ立っている。

食後のウィスキーのグラスは、洋酒メーカーか乳酸菌飲料の会社の景品。そうでなくても、持ちやすい、無色の、柄物ではない気持ちのいいどっしりとしたタンブラーにお目にかかることは絶無であるといっていい。

私は、若い友人、新婚一年という友人、あるいは不幸続きで貧しく暮らしている友人の家庭について言っているのではない。そうではなくて、大企業の部課長、中小企業の重役といった友人の食卓について言っているのである。友人は、ナニナニ・クラブという有名なゴルフクラブの会員である。外国製の自動車を運転する。毎晩のように宴会がある。それればかりではなく、宴席では、日本料理、フランス料理についての一家言をもち、一席ぶつという人物である。私は、ずっと以前に、このことを「女郎買いの糠味噌汁」と書いたことがある。

ある友人の家に行って、それこそ、驚いて倒れそうになった経験がある。夕食を食べて行けと言われて、食堂に通された。私の前に一枚の皿があった。それだけだった。その皿は、デパートのお子様ランチのような、プラスチック製の、仕切りのある皿だった。ハンバーグ・ステーキも、焼魚も、煮物も、野菜も、さらにお新香まで、一枚の皿にそっくり盛ってある。なるほど、これなら、盛るときも洗うときも便利である。

私は、心中で、こう思った。「たいへん結構だが、われわれは戦地にいるのではない」似たような話で、嬉《うれ》しい話がある。

南極越冬隊員が日本に帰ってきた。一隊員が、何が嬉しいといって、ガラスのコップでウィスキーが飲めたことぐらい嬉しいことはなかったと語った。南極では食器はすべてプラスチック製であった。そうでないと割れてしまうし、また、食べる、飲むということに関していえば、それで全《すべ》て事足りるのである。事は足りるのであるが足りないものがある。この足りない部分が、私たちの日常の「生活」であり「味わい」というものなのではないだろうか。

〝食卓に歴史あり〟

私の母は、赤ん坊が離乳すると、小さい象牙《ぞうげ》の箸を買った。そうして、食事に関して一人前になると、また、大人用の一生使える象牙の箸を買った。つまり、箸に関しては、一生に二度買うだけである。母は、そのほうが得だと思ったようだ。

象牙の箸というのは当たりがやわらかいし、けっして高価なものではない。私の子どもが生まれたとき、母は、自分の使えなくなった三味線の撥《ばち》をなおして孫の箸をつくった。

象牙の箸の利点は、だんだんに、いい色になってくることである。アメ色になる。私は、何か、そこに、その家の歴史を見るような気がする。そういうものを大事にしたいという気持ちが年々に強くなってくる。

ずっと以前、若い友人夫妻が遊びに来て、食事になった。

「まるで、うちに帰ったみたいだわ」

と、夫人が言った。二人とも京都の出身である。私の家の食器類を見て、なつかしく思ったようだ。

私の所には、わけがあって、魯山人《ろさんじん》の食器が六十点ばかりあり、その他、知人の陶芸家に貰《もら》ったものが少しはあるが、日常に使うものは駄物ばかりである。それでいて、友人夫妻が驚くのは、このごろの、特に若夫婦は、キンキラキンの新式の食器を使っている証拠だと思う。

私は、会社の出張や、取材旅行で地方都市を歩くときは、いわゆる土産物を買わず、古道具屋で食器類を買った。それも、絶対に五百円以上のものは買うまいと心にきめていた。いまは、値上がりしてそうもいかなくなったが、五年前ぐらいまでは、蕎麦猪口《そばちょこ》や小皿や中皿などは、なかなかにおもしろいものが買えた。だから、そうかといって、イイモノや高価なものがあるのではない。骨董《こっとう》屋というのは入り難《にく》いものである。しかし、一目で上物ばかりしか置いていないとわかる店は敬遠して、そうでなければ、かまわずにズイとはいる。

そうして、いいと思ったものの値を聞いてみる。いまなら、二千円以下というぐらいに値をきめておいて思いきって買う。それも、私は、日常食卓で使えるものに限定した。骨董については、私はまるで知識がない。まるでわかっていない。それでいいと思っている。掘出物をしようとする気持ちはまったくない。いいものというものは、むこうから、こちらの目に飛びこんでくる。ただし、高いものは買えないし、私はそれを必要としない。

かくして、いまや、五十人ぐらいの客なら、なんとかまかなえるようになった。私のような客の多い職業の者は別として、普通の家庭なら、三年間ぐらい、それを心がけていれば一式そろってしまうはずである。しかも、デパートの食器売場の半値か三分の一ぐらいの値で買える。

陶器や磁器は、どう逆立ちしたって昔のものにはかなわない。第一に素朴である。そこに昔の職人の心がある。邪魔にならない。第二に使いやすい。第三に、こわれない。

このごろ、京都三年坂のあたりを歩いていると、若い人が、どんどん骨董屋へ入ってゆく。あれは、見ていて気持ちのいい光景である。どうか、悪《あ》しき民芸調に迷わされたり害されたりすることなく、職人の造った、民家で使ってきたホンモノを探してもらいたい。いま出廻っている蕎麦猪口は、明治・大正のころ、蕎麦屋で使っていたものだ。湯呑《の》みにするといい。私のところで使っているのは、蕎麦猪口にしても小皿にしても、むかしは五十円、五年前は二百円から三百円どまりのものであるが、それでも食卓がずいぶん豊かになり、そんなもののない食事が私には考えられなくなっている。

箸のあげおろしの一刻一刻が人生だ

箸置なんかは五十円から百円で売っている。醤油注ぎはおもしろいものがなくて苦労したが、水差しでもいいし、煎茶《せんちゃ》用の小さい急須《きゅうす》でもいいと思う。私には、ナニナニ醤油というメーカーの名がはいっているガラスの醤油注ぎを使っている人の神経がまるで理解できない。

ソースもしかり。ソース入れにいいようなものを骨董屋で探すのは大変だから、デパートで新品を買ってくる。

私は食器に関しては、ドイツとかスイスとか北欧のものが好きだ。ちょっと高いが、一生使えるのだし、ひとつ買えばそのことで神経をつかわなくて済むようになるのだから、結局は、非常に安いということになるのではなかろうか。

こんなふうに書いてくると、老人臭いと思われるかもしれないし、また、いくぶん偉そうに聞こえるかもしれないが、私は、たとえば、まだ気に入ったコーヒー茶碗《ぢゃわん》を持っていないし、スプーン、ナイフ、フォーク等の銀器もない。どうも、銀器に関しては、日本は非常に遅れているように思う。

だから、読むと見るとでは大違いで、私の家へ来る人はがっかりするかもしれないが、その私が、よその家で驚くのだから、一般に、現代の日本人の食卓の光景は味気ないということになるのではないか。こういう時代は、かつてなかったはずだと思う。

都会の人口がふえる。家が建つ。それは地方の中小都市、農村地帯に及んでいる。たとえば、都会に近い農村地帯に、どんどん家が建つ。昔は、これが藁葺《わらぶき》屋根であった。あるいは黒の瓦《かわら》であった。あたりが緑で、茶の屋根、黒の屋根、ここに、かりに鯉《こい》のぼりがひるがえると実に楽しい実に美しい農村風景になった。外国なら石の家である。それ自体、ひとつの風景であり、年代が経《た》つと美しさを増す。

しかるに、いまは違う。家が建つと風景が汚れる。あの屋根は何という建材なのか。赤あり黄あり緑あり。多分、経済的に有効ということで、日本の田園風景、都会の風景がそんなふうに貧しく汚れてしまったのだろう。かく申す私の家も、これ全く新建材ばかりで出来ている。

せめて、食卓ぐらいは、と思う。そうでないと、日本人の情緒というものが、年々に急激に失われ損《そこな》われてしまうように思う。

私においては、お茶を飲む、食事をするという、いわば箸のあげおろしの一刻一刻が人生だという気持ちが抜きがたいものになっている。高遠なる理想は私には縁がない。むしろ、小さな食器、それを造った職人の心、そこから人類の歴史にせまりたいという気持ちが強い。

まあ、そんなことはともかく、個性のある食卓と食器を考えるのも、生きるための作法のひとつだと思う。

11　手紙の書き方

用心しないとかえってマイナス

手紙を書くのが好きな人と嫌いな人がいる。原稿の場合も同じであって、書くことが好きな人と嫌いな人とがいる。

私は、原稿を書くのが厭《いや》で厭でたまらない。そうして、同様に手紙を書くのが厭だ。どうにも苦痛になる。原稿の場合は、乱暴に書こうが書き損じを消して書き続けようが、出来あがったものは活字になってしまうから変わりはないわけであるが、手紙はそのままの、つまり、生《なま》原稿を読まれてしまうので余計に苦痛になる。

字配りということもある。ハガキに書くとき、書ききれなくて、だんだんに小さい字になってしまうのもミットモナイし、余白が出来すぎてしまうのも困る。

そういうわけで、私は、ハガキ一枚書くのも厭だ。どうかすると、それだけで朝から机に向かっていて一日が暮れてしまうことがある。

若いときは、最初に前略とすべきか冠省にすべきか、また、結びのところに、敬具とすべきか不一にすべきか、あるいは草々がいいか、それだけでずいぶん悩んだものである。

さらに、宛名《あてな》のところに、先生がいいか、様がいいか、大兄なりや学兄なりや、毎回のように迷ったものだ。

十五年ぐらい前、同僚が、一念発起して年賀状をつくった。なかなか凝ったものだった。彼はそれを社長以下全重役、同じ部署の者全員に発送した。その年賀状の評判は、すこぶる悪かった。二つか三つの誤字があった。また、こんなものに凝るくらいなら、もっと仕事に精出したらいいと言われてしまった。実に気の毒だった。私は彼の誠意や愛社精神が少しは評価されてもいいのにと思った。

そんなこともあって、手紙を書くときは用心しなければいけない、かえってマイナスになることがあると思い、余計に辛《つら》いことになってしまった。

私は、手紙による諸連絡を、普通一般のサラリーマンよりも頻繁に行なわなければならない立場の男である。それに、文字を書き慣《な》れているはずの男である。それでいて、どうにもならない。

何か頂戴物《ちょうだいもの》をしたときの御礼（たとえば講演旅行に行ったとき、その土地の名産が時期はずれで、後になって送って貰《もら》ったというような場合）、あるいは同業者から著書を送られた場合の御礼、こういうものでさえ、私は書くのが億劫《おっくう》になり、とうとう出さずじまいになってしまうことが多い。なんという無礼な奴《やつ》と思われていることだろう。

ここで弁解を試みるならば、前述の通り、そのことに関して、朝から晩まで悩んでいるのであり、すくなくとも一ヵ月、長いときには半年余りも、そのことが頭から離れないということがある。

具体的事実を、自己流に……

しかし、私は、あるときから、筆不精であることには変わりがないのであるけれど、手紙をどう書くかということについては、一種の悟りをひらくようになった。多分、それは二年ぐらい前からのことだろう。これは私が偉くなったのではなくて、そういう年齢に達したためだろうと思う。

要するに、自由に書けばいい。思ったことを書けばいい。自己流でやればいいということである。筆不精の私が手紙の講釈をするのはおかしいのであるが、まあ、そういうことである。

具体的に書く。事実を書く。それをわかりやすく書く。それだけでいい。事実を具体的にわかりやすく書くことによって、手紙を読む人の想像力が喚起されればいいと思う。それは文章としても、自然にいい文章になるはずである。

前略も冠省も、敬具も不一もいらない。そう思うと気が楽になった。

休暇で故郷に帰っている青年が、都会に残っている友人に手紙を書く。北向きの書斎である。見あげると、柿が生《な》っている。

「柿が生っている。数えると二十三箇あった。去年は五十箇も生ったのに。……」

というふうに書けばいい。あるいは、私の言うことは間違っているかもしれない。しかし、私は、そんなことはどうでもいいと思うことにした。正確に見えているものを書けばいい。真情を吐露すればいい。

「秋冷の候、御両親はじめ皆々様、いかがお過ごしでしょうか。……あらあらかしこ」

といった手紙を貰うと、それがいかにエチケットにかなった隙《すき》のないものであったとしても私はウンザリする。

読者から長い手紙を貰う。それだけで厭になる。親しくない人から長い手紙をいただくイワレがない。そういう手紙に限って、いつでも、内容が無い。要領のいい手紙がありがたい。要領がいいということは、私の場合は、首尾一貫していることではない。私が少しはマシな小説を書いたとする。すると、すかさず、今度のはいいというハガキをくれる友人と読者がいる。

こういう手紙がありがたいし、うっかりしたものは書けないぞということで身がひきしまる思いがする。たったの二行か三行で誠意が通じるのである。上手とか下手とかは

手紙は自己流でいい

関係がないのである。

あなたに恋人がいたとする。食事をして映画を見て別れる。なんということもない。しかし家に帰って、すぐに、今日の髪型はよかったといったことをハガキに書いて出す。二行か三行でいい。すると、相手は飛びあがって喜ぶはずである。そうでない恋人なんかとは別れてしまいなさい。黙っていても、見るべきところは見てくれるということは嬉《うれ》しいはずである。

綿々たる哀れっぽいようなラブレターを出すのは男がすたる。

基本は、常に、淡々と書く

私は文章というものはアイディアであると思っている。文章の集合体であるところの手紙もアイディアである。

ここで最初の問題にもどって、ハガキを書いていて書ききれなくなったらどうするかということを教えよう。

ともかく、ハガキいっぱいに、初めの字配りでもって書いてしまうのである。次に書き残した問題を、行間に赤字でもって書く。このごろは細いサインペンのいいのが出てきたので、きわめて好都合である。

変幻自在にやればいい。行間に赤字で書いてあるために、かえって印象に残り、受け取るほうは便利だということもある。

友人に会合の案内状を出す。日時と場所を書きわすれたとする。そういうときに、行間に赤字で「ああ肝腎《かんじん》なことを書き忘れた。場所はご存じの代官山の小川軒。集まる日は十一月二十三日、土曜日、勤労感謝の日。夕方の六時から」と書く。こうすると、かえって、友人は一発で記憶してしまう。

どうも、何度も、高橋義孝先生が出てくるので気がひけてしまうが、いま書いた、行間に赤字というのは先生からのハガキで教えられたものであり、先生からの手紙ぐらい、要領がよく、読んでおもしろく、アイディアに富んだものはない。

五年ぐらい前に、先生の三男の結婚の仲人《なこうど》を頼まれた。私はありがたいことに思い、結婚の御祝いは別として、兄貴分になるために、彼にレインコートをつくることになった。

そのレインコートが出来てきたようで、先生からハガキの礼状がきた。その文章がバカに調子がいい。おかしいなと思っていると、最後に、このハガキは「煙も見えず雲もなく」で歌ってくれと書いてある。そのハガキの全文を書き写してみる。

〽厚面《あつかま》しくも生意気に、暢《とおる》（三男の名）の野郎はチロル（洋品店）まで、出向いて洋式雨合羽《あまがっぱ》、一着頼んで来たやうで。
貧乏おやぢの私は、たゞたゞ恐れ入るばかり。
代りと申しちゃなんですが、春になったら博多《はかた》から、
献上の兵児帯《へこおび》一本を、御送りしようと思ひます。
それは相撲《すもう》の夏帯で、締めた工合はよござんす。
右ハ「煙も見えず雲もなく」の節で歌はるべきもの也《なり》。(赤字)

このハガキを読んだときは、私は大いに笑い、大いに感激した。一ヵ月ばかり、ハガキを取りだしては歌っていた。第一に滑稽《こっけい》である。第二にお子様に対する愛情がにじみでている。第三に私に対する感謝の気持ちがハガキいっぱいに溢《あふ》れんばかりに表現されている。こんなに見事な、こんなに長く楽しめて、しかも心に残る手紙を読んだことはない。これもアイディアであると私は思う。そう言うと無礼になるかもしれないが、このアイディアを思いつくまでの先生の気持ちが手に取るようにわかって、そのことがありがたいのである。

私は、手紙は、事実を具体的にはっきり書くべきものであると書いた。自己流に、変幻自在にと書いた。さらに、アイディアが必要であるとも書いた。

最後に、別の一例を示す。

私の父が死んだとき、たくさんの悔みの手紙をいただいた。もっともありがたいと思ったのは、父が三十代の時からの友人からの手紙で、私あてになっているが、その文章のなかにあなたが一番ホッとしたでしょうという一節があった。

父はワガママモノであって、私は、心理的にも金銭的にも様々の迷惑を蒙《こうむ》った。そのことを父の友人は知っていて、そっと私の肩を叩《たた》くような手紙を書いてくれたのである。私は涙が出るように嬉しかった。

その気持ちに偽りはないのであるが、私は、やはり、だんだんに厭な気分になった。父はそういう男であったが、父の友人は、人格的にもすぐれ、経済的にも終始豊かな男であった。それが子どもである私にとって悲しかった。それが肉親というものである。

だから、それが真実であっても、相手の心を突き刺すようなことを書いてはいけない。手紙には、常に、淡々と書くという一要素が必要なのではなかろうか。

12　パーティーの客

客としての四つの心得

パーティーとは何であろうか。

私の場合は、文学賞の授賞式のあとのパーティー、出版記念会というのが多い。ただし、受賞者や著者が親しい人、尊敬する人であって、駈《か》けつけてお祝いを申しあげたいという時以外はめったに出席しない。パーティーは疲れるから厭《いや》だ。（その訳はあとで書く）稀《まれ》に、この会ではこの人のスピーチがあるだろうから、それを聞きたいということで出席することがある。スピーチのうまいのは、亡《な》くなった佐佐木茂索《ささきもさく》さんが第一で、川口松太郎《かわぐちまつたろう》さん、今日出海《こんひでみ》さんもうまい。中野重治《なかのしげはる》さんはとてもおもしろい。

次に、先輩の銀婚式、パール婚式、還暦の会、定年退職による第二の人生を祝う会などがある。後輩の結婚式がある。円満退社のお別れパーティーがある。友人が何人か集まって、家族同伴で忘年会を開いたりする。これすべて、今回は、立食式のパーティーであるとする。

会社関係では、社屋や工場の竣工《しゅんこう》式、創業何十周年の祝賀会がある。あるいは、一周忌や三回忌などの法事を含めてもいいかもしれない。クラス会もそうだろう。

こういったものをパーティーと呼ぶことにするが、ここでも、パーティーの客としての作法が必要になる。これは社交であるのだから。

まず第一に承知していなくてはならないのは、会費をとるパーティーでは、必ずといっていいくらい赤字になっているということである。だから、三千円の会費（近頃では七千円、一万円の会費も珍しくない）を払ったからといって大きな顔をしてはいけない。赤字になるから、パーティーの幹事は苦労する。その赤字は誰かが埋めていることになる。個人の場合もあるし、何社かの会社で共同負担になることもある。したがって、大きな顔で飲み食いしている客が、幹事連中や個人で特別に負担している人から憎らしく思われるというケースが充分に考えられるのである。

第二に、社交というのは、すでにして半分はビジネスであるから、他人からの印象を悪くするということがあってはいけない。（まあ、普通にふるまっていればいい）

第三に、カクテル・パーティーでは、酒やジュース、コーラの類《たぐい》は飲んでもいいけれど、あまりがつがつとものを食べてはいけない。その理由は私にもはっきりしていないのであるけれど、どうも見た目が悪い。

だいたい、人間がものを食べる姿は恰好《かっこう》のいいものではないけれど、パーティーの場合は、立って食べる、大勢の人の前で食べる、うしろ向きで食べるということになり、すすめられても遠慮をするほうが無難である。カクテル・パーティーにおける食物はデコレーションであると考えたほうがいい。お行儀のわるいのは私たちの世代（私は四十八歳）である。食糧事情の悪いときに育ったせいでご馳走《ちそう》を前にすると目が輝いてしまう傾向がある。

パーティーで大切なことは、挨拶《あいさつ》であり会話であり、酒は会話をなめらかにするための道具である。食堂ではないのだ。

第四に、めったにないことであるけれど、日本座敷での会のときは靴下に注意すべし。穴があいていると非常に目立つ。

みっともない光景

ある会社の部長は、パーティーに出席するときに、部下に、カケソバ一杯食べて行くようにと注意していた。ひとつには、がつがつしている感じを嫌ったのであり、もうひとつは、空《す》きっ腹で飲むと悪酔いするからである。こういうのは生きた訓辞であると思う。

ある人の還暦の会が行なわれた。私は親類同様の仲であるので最後まで残っていた。

会が終わると、主賓の夫人、七人の子どもたち、孫たちがひとつのテーブルに集まって、むさぼるようにして残ったオードブルや寿司《すし》を食べていた。なにか、一匹の獲物《えもの》を一族郎党がむさぼり食っているように見えた。あれは、みっともない光景であった。

パーティーにおける食物はデコレーションであると書いたが、あの大量に残った食物は、いったい、どうなるのであろうか。いつでも不思議に思っている。

あるとき、小さな酒場の十周年の記念のパーティーがホテルの宴会場で行なわれた。ごく内輪の会だった。メインテーブルの中央に、旗やリボンで飾った大きなローストビーフの塊が手つかずに残っていた。

私は、ボーイ長に、それを呉《く》れないかと言った。その酒場で皆で食べてもいいし、三日間ぐらい、記念のデコレーションとして店に飾ってもいい。すると、ボーイ長は、凄《すご》い目つきで私を睨《にら》み、とんでもない話であると怒鳴った。私の行為の善悪は別として、そのまま残飯整理会社に渡すとも思われないし、どうにも不可解である。私の考えを率直に言うと、これには何か裏があるということになる。

それと反対に、気持ちのいいこともあった。私の友人が定年退職になり、お別れパーティーに出席した。生まれてはじめての自分の会であるのに、夫人を出席させないという律義《りちぎ》な人だった。したがって、人気があり、皆が別れを惜しんだ。ホテルでの会が終わって、十五人ばかりが残った。どうにも別れがたい。といって十五人で急に二次会をやるには、時間が時間だし、場所がとれない。主賓の親友が提案して、ホテルの小宴会場を借りることにして、残った酒やオードブルを運んでもらった。ちっとも厭《いや》な顔をしない。私は支配人に、ローストビーフを主賓のお土産用に、大きな折にいれてくれと頼んだ。夫人も二人のお嬢さんも出席していないので、盛大であった会をそれで偲《しの》んでもらおうと思ったのである。

前述のことがあるので、首尾やいかにと支配人の顔をうかがった。すると、彼は、ニコニコ笑って、即座に、ローストビーフと、その他のオードブルと、菓子類と、三つの大きな箱をつくり、リボンで飾ってくれた。私は、こんなにきれいな土産の箱を見たことがないと思った。そのホテルは新橋の第一ホテルである。

この頃のホテルの宴会場ぐらい感じの悪いものはない。六時から八時までの会であるとすると、八時十五分前になると、ボーイがどんどんグラスや皿を片づけはじめる。酒の残っているグラスでも容赦《ようしゃ》しない。八時ジャストには電気を薄暗くしてしまう。蛍の光を流す。まるで、関西から東京駅に向かうときに、熱海あたりで客を追いだしてしまう新幹線のビュフェとそっくり同じである。

健康についての話はするな

十返肇さんは、パーティーがあると、最後まで残って「会費だけは飲むぞ」と言うのが常であった。もちろん冗談だ。こういう愉快な酔っぱらいが少なくなった。それを知っている私も同類であって、遅くまで飲んでいるほうの客だった。

会によりけりだと思うが、儀礼的に出席して、さっさと帰ってしまう客は感じが悪い。主賓としては、最後の最後まで、ゆっくり飲んでもらいたいと思うときがある。

私はパーティーが苦手だ。どうも、人に酔ってしまう傾向がある。ウィスキーを三杯も飲むと目の前がくらくらしてくる。食べないのがいけないのかもしれない。立って飲むのも苦痛だ。それと人の顔をおぼえられないので、挨拶されてもヘドモドする。

とりいそぎ、パーティーの客の心得を説く。

まず、パーティーに出席したら、必ず、主賓と夫人に挨拶する。その必要のない会には出席しないほうがいい。

私は、パーティーの会場の隅に立つ。四角い部屋のどこかのコーナーである。すると会場全体が見渡せるし、こちらが見られる率が少なくなる。会いたくない客から逃れることができるし、会いたい人を探すのにも便利である。会いたい人に会ったら、もとのコーナーにもどる。

出席の返辞を出して都合のつかなくなったときは会費だけを送る。主催社の幹事としては、たとえ三千円、五千円の会費でも、それで頭を悩ますのである。ときには、はじ

めから欠席とわかっていても会費だけは送る。（こんなにパーティーが多いと全部はまかないきれないが）

受付の人や、下働きの人に声をかける。もし、きみに余裕があれば、寄付を申しでるといい。赤字にきまっているのだから、幹事は大いに喜ぶ。たいていは受けとらないものであるが、気は心である。これが第一の心得である。

わがままを言う客は最低である。ホテルのパーティーに出席して、俺は日本酒しか飲まないとか、ブランデーを出せなどと言っている客がいるが、見ていて胸がむかむかしてくる。なかには二次会を強要する客さえいる。

健康を話題にしてはいけない。もし、病人が無理をして出席しているのに会ったら、今日は顔色がいいですねといったように元気づける程度にとどめるべきである。不景気の話もよろしくない。

主賓を独占すべからず。彼は百人二百人に挨拶しなければならない立場であることを考えてもらいたい。

それにしても、浮き浮きする感じで出席する、三十人ぐらいの親しい同士の小さなパーティーがめったには無くなったことが悲しい。

13 タバコと灰皿

いい灰皿を探し、三十年

長い間、私のところでは、灰皿のことが懸案になっていた。いい灰皿がほしい。それがなかなかみつからない。

いい灰皿とはどういうものであろうか。

第一に、風が吹いてきても灰が飛ばない。第二に、灰皿というものは一種の置物であるのだから、デザインが良くなくてはいけない。すくなくとも、邪魔にならないデザインであることが絶対不可欠の条件である。第三に、洗いやすいということ。いや、もっと大切なことがある。その大きさである。大き過ぎてもいけないし、小さ過ぎても使いにくい。ただし、大きさというのは私はデザインの重大なる要素だと考えているので、灰皿の大小は第二のデザインの項にふくまれるものとする。

このような灰皿を探すこと、実に三十年に及んだ。つまり、理想とする灰皿が無いのである。稀《まれ》にあったとしても、おそろしく高価であったりする。高価ということは名のある陶芸家の作品であって、だからデザインが良く、見るからに使いやすいように思われる。しかし、灰皿一箇に十万円も二十万円もの金を使うのは馬鹿《ばか》らしい。また、手頃なものがあったとしても数がそろわないということがあった。

風が吹いても灰が飛ばないという第一の条件と洗いやすいという第三の条件とが、なかなか合致しない。灰が飛ばないようにするには口が小さくなくてはいけない。口が小さければ洗いにくいのである。

デザインのすぐれているのは、英国のウィスキー会社の景品用の灰皿である。これは誰でも知っていると思う。だいたいにおいて悪くない。酒とタバコはツキモノであるから、良く工夫された作品が多い。

しかし、ウィスキー会社の景品は、大量にウィスキーを消費してくれるところ、すなわち酒場のためのものであって、酒場というところは風が吹かないのであるから、第一の条件を満たすことがない。つまり、浅い灰皿になっている。稀に深いものがあったとしても、こんどは洗いにくくて、したがって内部から汚れてくる。

デパートの灰皿売場、陶芸品を売る店、食器専門店を何度歩いたことか。骨董屋《こっとう》へ行けば、必ず灰皿を探したものである。そういえば、欠けた骨董品の皿を灰皿にしている人も多い。たとえば川端康成先生のところもそうだった。あれは、非常に良いものだ。

ということは、みんな、灰皿では苦労している証拠でもあった。灰皿として出来あがっているものはデザインが悪い。いかにも「灰皿でございます」という作品が多いのである。私の家は客が多いし、月に一度は将棋の稽古《けいこ》日があって、そのときは七つか八つの灰皿が必要になるので、骨董品の皿では数が足りないし、第一、菓子皿とまぎらわしいことになる。

我慢できなくて自分でつくる

そこで、いよいよ困ってしまって、最後の案として、食器専門店に行って、北欧製のスープ皿を買うことにした。それが二年前のことである。これはデザインとしては非常にすぐれている。本当は蓋《ふた》付きのオニオンスープ用の皿、またはグラタン用の皿が良いのだけれど、そのときは数がそろわなかった。もう我慢ができなくて、やや底の深めのスープ皿を十枚買ってしまった。

そこで、私の悩みは、いくらかは解決したことになる。どうしてこんなに灰皿にこだわるかというと、灰皿は食卓に置かれるものであり（私は酒を飲みながらタバコを吸うという悪癖がある）、風が吹かなくとも灰が飛び散ることがある。そういうことになると私は大変に神経質になる。見た目のキタナイのがいけない。

かくして私は七割から八割方は満足したのであるが、スープ皿はやはりスープ皿であることを免れない。どこかが違う。そのうちに、こんなことがあった。

渋谷駅にちかい高級レストランで某氏と対談しているときに、私が灰皿にしているスープ皿とまったく同じものが出てきたのである。困ったことになった。特別に困ることはないと思われるかもしれないが、そのスープは、私からするとどうしてもウマイものとして飲むことができないのである。頭が、スープ皿を吸殻とか灰のほうへ結びつけてしまう。どうにも気持ちが悪い。

そんなことがあって、また、スープ皿の灰皿が厭《いや》になってきた。ふたたび、私は灰皿売場を歩き回るようになる。やっぱり、ゾッとしない。

かくして、私は、実に簡単にして単純なことに気づくようになる。ハタと膝《ひざ》を打つような気持ちだった。「灰皿は自分でつくればいい」。なぜこれに気づかなかったかということも不可解であるのだが——。いや、知っていても面倒だと思っていたのだろう。

自分でつくるといっても、土をこねて焼くことはできないし、設備もない。そこで、私は自分でデザインして、京都の陶芸家の竹中浩《たけなかこう》さんにお願いすることにした。竹中さんは私のデザインに共鳴してくれた。そうでなければ、一流の作家が焼いてくれるわけがない。

デザインといっても、まことにアッサリしている。材料は白磁である。柄とか模様はなく白一色。正方形の皿である。そこに正方形の蓋が乗る。蓋に正方形の穴があいている。それだけのものである。

蓋があるから、風が吹いても大丈夫。デザインは単純の極致で邪魔にならない。蓋を取れば洗うときに便利というものである。

大小二種類あって、大は一辺が十一センチ、小は十センチ、深さはともに五センチ。大を十個、小を十箇いただいた。

これでやっと解決した。出来あいの灰皿を買うよりは高価になるが、これで一生灰皿のことで頭を悩ますことがないわけで、その意味では非常に安い。

人のタバコに火をつけるとき

山本周五郎先生の灰皿というのがある。必ず灰皿をふたつ用意する。一方に水を張る。それで火を消して、もう一方の灰皿に捨てる。どこへ行っても、そうやっていた。

タバコについての礼儀作法ということになると、一にも二にも「火災に注意」ということである。これが九十九パーセントである。用心のうえにも用心しなければならない。消したタバコとかマッチを、間違っても屑籠《くずかご》に捨てるようなことをしてはいけない。本当にこわいことになる。

酒を飲みながら、ということは肴《さかな》を食べながらタバコを吸うのは、非常にいけないことだ。しかし、どうしても私はその悪癖から逃れることができない。なぜかというと、そのときのタバコが一番うまいからである。ドイツ人は絶対に食事中に喫煙しないそうだ。舌の感覚が駄目になるからだろう。料理のほうを大切にする。私の場合は逆で、酒や肴によってタバコの味をうまくしようとする趣きがある。人にも、タバコを肴に酒を飲むと言われる。ただし、よその家へ行って、そこの夫人の自慢の料理が出るというときはタバコを遠慮する。

女性の前でタバコを吸うときは「タバコを吸ってよろしいでしょうか」と言うべきであるとエチケットの本に書いてある。私は、めったにそう言わない。

私が雑誌の編集者をしていたとき、気むずかしいので有名なオールドミスを訪ねたことがある。彼女は外国生活が長く、帰ってきて、女子大の寮に住んでいた。私は一策を案じて、タバコを吸いたいのですが、よろしいでしょうかと訊《き》いた。それが大変に効果があって、私は彼女のお気にいりになって大きな仕事を貰《もら》うことができた。まあ、そういう効用はある。

風邪をひいている人の前で、あるいは咳《せき》をしている人の前で「メイ・アイ・スモーク……」と言うべきであろうか。私はそれも言わない。なぜならば、いかに私がヘビィスモーカーであっても、そういうときはタバコを我慢してしまうから——。当然のエチケットである。列車に乗って、隣りの客が喘息《ぜんそく》気味の咳をしているときは困ってしまう。仕方がないから、喫煙所か洗面所へ行くことにしている。

先輩や友人がタバコを取りだしたとき、火をつけてあげたほうがいいかどうか。実は、これは非常にむずかしい問題である。

会社にとって重要な客が来る。応接室に案内する。彼がタバコを取りだす。こういうときは、マッチかライターで火をつけてあげたほうが無難であるようだ。

非常にむずかしい問題であるというときは、かえってそのことに神経をわずらわさないほうがいいのかもしれない。

内田百閒先生は、タバコを取りだすときからすでに喫煙行為ははじまっているのであるから、他人にそれを妨害されては困ると言っていた。

タバコをくわえて火をつけずに考えごとをすることもあるのだから、気をきかせてかえって迷惑をかけることもある。

さて、他人に、マッチかライターで火をつけてあげるときに、忘れてはならないことがある。火を相手の口の高さに持ってゆく。鼻の高さでもいい。これが、実際は案外にそうではなくて、アゴよりも下になることが多い。そうすると、かがみこむことになり、うっかりするとマツ毛を焼いてしまう。マッチの火の位置は高いほうがいいと思ってください。

14 酒場についての知恵

「酒をつつしみ、女にきりかえる」？

ニッパチ（二八）という言葉がある。二月と八月は商売のほうがよろしくない。こういう商売はずいぶん多いはずである。たとえば学生相手の小売書店は、学生が帰省してしまう八月がいいわけがない。

酒場でもそうだろう。どうやら、八月はもう商売にならないと決めてかかっているようだ。むろん、土曜日は休みにしているうえに、従業員慰安と称して、一週間も店を閉めたりする。月のうち、半分も営業しない。

これに、最近は、ヨンゴー（四五）という言葉が加わった。……かどうか私は知らない。これは私の造語である。多分そうだろうと考えていることがある。

酒場の客は、三十五歳から五十五歳までと考えていいだろう。つまり、酒場の客は、中年から初老までである。経済的なユトリができ、公私ともに交際がふえ、また、飲める盛りということになる。なかでも四十代というのが盛りの年齢である。その真ん中の四十五歳という年齢を考えてみよう。

四十五歳の男に、十七歳の長男、十四歳の長女、十一歳の次男がいても不思議ではない。長男が大学に入学する。長女が高校に、次男が中学に進学する。この入学金で中年の父親は参ってしまうのである。私立の中学であると入学金だけで三十万円、一年分の授業料その他で十五万円というのは珍しくない。

三月に入学金を払う。入学祝いをする。四月、五月は、父親はショックで意気沮喪《そそう》している。ショックどころか、借金の返済で頭が痛い。酒場なんかへ行っていられない。酒場が不景気になる。というのが、私のヨンゴー説である。こう考えてくると、酒場の経営も楽でないことがわかる。

酒場で飲むというのは、一種の癖のようなものである。飲む人は飲むし、飲まない人は飲まない。縄暖簾《なわのれん》の好きな人もいるし、スナック・バーの好きな人もいる。私の言っているのは、そういう呑屋《のみや》ではない。

夏が終わり、九月になる。酒場にはずっと御無沙汰《ごぶさた》になっている。さあ、少しひきしめなくてはと思う。しかし、九月の半ばごろ、会社が終わって、六時半頃外に出ると、あたりは薄暗く、何か肌寒いようにさえ思われる。人恋しい感じになる。その頃から酒がうまくなる。食欲の秋というのは、体と気候が合っているからなのであって、そのときは酒もうまく飲めるのである。

酒場へ行く。それが癖になる。むこうもそれが商売だから、悪いようにはしない。来させよう、来させようとする。かくして、十月は盛大に飲み、ボーナスの半分は銀座の支払いだと考えたりするようになる。

十一月になると、各種の宴会、クラス会、早目の忘年会などが行なわれる。十二月は、半ばヤケクソ、半ば習慣、限りある身の力ためさんという具合に飲み続ける。

なんだか告白調になってきたが、左様、私は二十代の終わりから、四十代の初めにかけて、とびとびにではあるが、銀座に入り浸りの時期があったのです。いまは、残念ながら、体のほうが続かない。それに、ちょっと飲んで三万円、四万円では、そっちのほうも続かない。

さて、そういう暮れが終わり、年が明け、初出勤となる。ああいう馬鹿《ばか》なことは、ほどほどにしようと思ったりする。はたして一月二月の運命やいかに、と思っている人も多いと思う。酒飲みというのは、これで、案外に、反省癖が強いものなのである。

「もう、酒はつつしもうと思う。どうも体によくない」

と、女房に言う。女房の顔が輝く。

「それで、今年から女にきりかえる」

そう言って叱《しか》られたことがあった。

酒場でのいい態度とは?

酒場に入ってゆくときの態度について、吉行淳之介さんが何度か書いておられる。私は、若いときから割に平気なほうであったけれど、吉行さんのものを読むと、ああ、あれで私なんかも気負っているように見えたのかもしれないと思う。少なくとも、平気でいようとしているところがあり、それは意識していることであり、逆に、肩肘《かたひじ》張っていることになる、これは、やはり場数を踏まないと、どうにもならない。

入って行くときに具合の悪い酒場は、扉をあけた途端に、客も女も、バーテンダーもマネージャーもいっせいにこちらを見るというつくりの店である。立地条件が様々であるから、どうしてもそんな店ができてしまう。

店のつくりでいうと、私は、店全体が四角い酒場が好きだ。細長い店は、どうも苦手だ。どうということはないのだけれど、長方形の店は落ちつきが悪いように思う。

四角い店であると、どの席にすわっても、だいたいにおいて店全体が見渡せることになり、ああ、カウンターに誰某が来ているなということがわかり、また、めったにないことではあるが、客の全員が一緒になって飲んでいるという雰囲気になることがある。それはいい気分のものだ。

長方形の店であると、横から見られる。カウンターにいると背後から見られる。奥の席に誰がいるかわからないということで、ゆったりした気分になれない。地方都市の酒場へ行くと、一段高い所に別室があったりして、それも感じが悪い。酒場では呉越同舟《ごえつどうしゅう》でありたい。仲のいい客同士ならなおいい。

私は、よく新入社員を高級酒場や高級待合へ連れていったものだ。一種の教育だと思っていたが、いいことばかりはなかった。

政治評論家が来ていると、敵意をむきだしにしたりする。学生運動をやっていてそのまま入社したのだからそれも無理はない。連れて行った私が悪い。また、新入社員は、そういう店ではおとなしくしているかと思ったが、そうではなかった。つまり、彼は、昂奮《こうふん》してしまって、すぐに酔っぱらってしまうということがわかった。

高級酒場は、やはり、ある程度の年齢になって、落ちついて飲めるようになってから行ったほうがいい。

「お世話になりますという気持ち」

酒場では隣りの客に話しかけてはいけないと言われている。私もそう思う。知らない人に話しかけられるのは苦痛だ。まして、遠くの席から「おおい、こっちへ来いよ」な

こちらの健康を気づかってくれる店

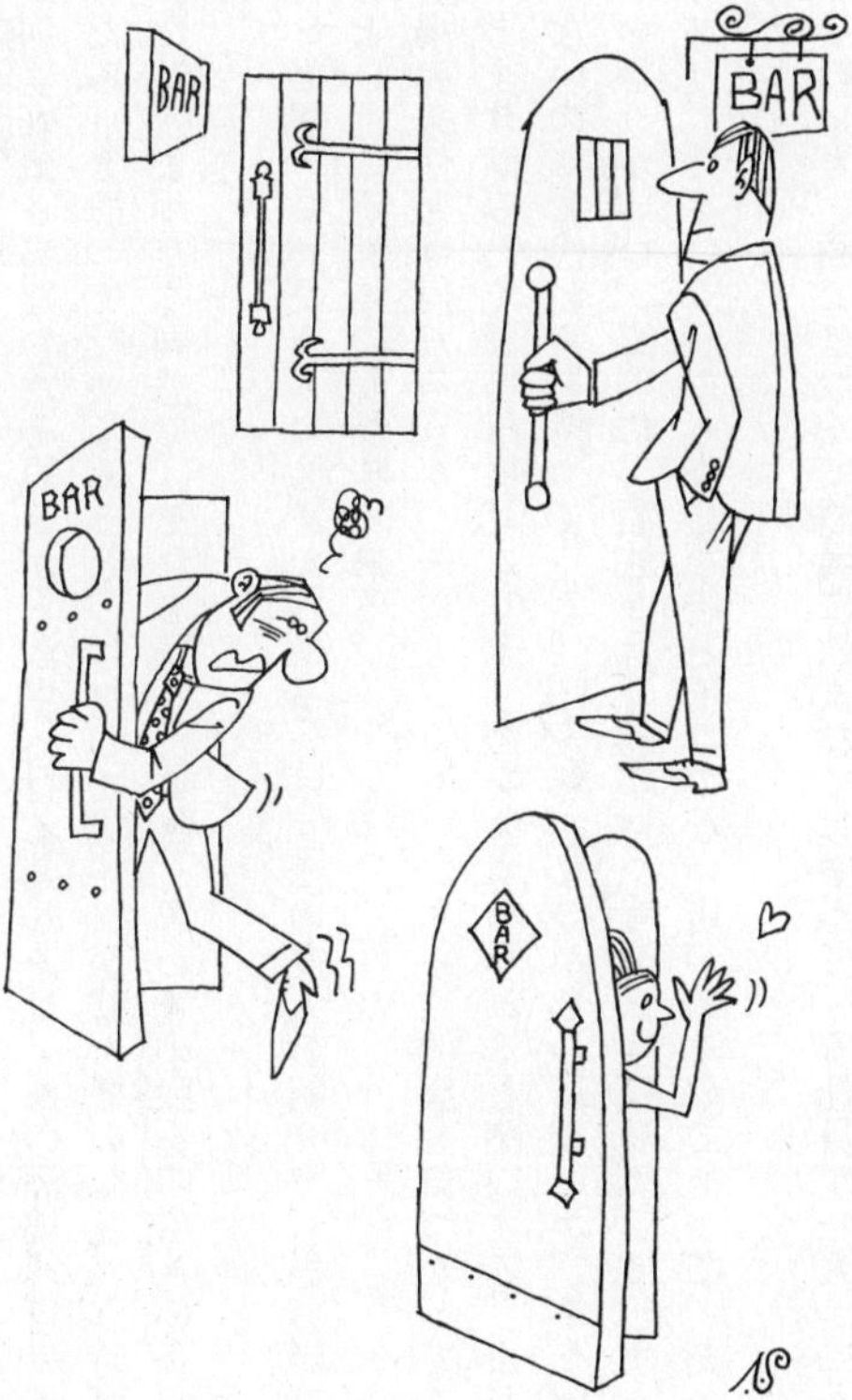

んて叫ばれると、何のために飲みにいったのだかわからなくなる。ただし、仲のいい友人になれば話は別だ。

たしか河盛好蔵《かわもりよしぞう》さんだったと思うが、酒場へ行く楽しみは、あの酒場へ行けばアイツに会えるだろうと思って行ってみると、はたしてアイツが飲んでいたという時だと書いておられたが、まったく同感で、それを読んだとき、思わず小膝《こひざ》を叩《たた》くという感じになった。

会いたいと思っていた友人に会えた、あるいは、その友人の紹介で、思いがけない知己を得るというのが酒場の醍醐味《だいごみ》である。

いい酒場の条件とは何だろうか。一にも二にも、こちらの健康を気づかってくれる店である。あまり飲みたくない日に、ムリヤリ酒をすすめられると閉口する。まだ半分も飲んでいないのにお代わりを持ってくる。商売熱心なのかもしれないが、そういう店へは行かないほうがいい。実際に、酒飲みは、一年に二度や三度は泥酔《でいすい》してしまうことがあるのであり、そういう時でも安心な店とそうでない店があるのであって、充分に注意したほうがいい。

どんな会社にも、酒ではなくて酒場に飲まれてしまっている社員が一人か二人はいるものだ。そういう男は、パーティー会場で、酒場のマダム連中にちやほやされている。しかし、会場の心ある客は、そういう男を軽蔑《けいべつ》している。実際は、マダム連中だって心のなかでは軽く扱っているのである。間違ってもそういう男になってはいけない。

私は、飲みはじめてからずっと、酒場へ行くと「お世話になります」という気持ちが抜けきれない。酒場は大切な所なのである。私が、たとえば、取材などで世話になった人を酒場へ案内したとする。その人をいい気分で飲ませてくれるのでなければ、連れていった意味がない。

これは酒場ではないけれど、銀座の「はち巻岡田」という小料理屋のおかみさんは、私が初めての客を連れてゆくと、必ず、その人に話しかけて、その人の好みを知ろうとする。それがありがたいし、また、それが商売というものだろう。

酒のうえのことだから、こちらも、どんな失敗をするかわからない。だから、いつでも、お世話になりますという気持ちでいる。女房は、そんなに遠慮することはないと言って厭《いや》がる。だから、これは私の偏見であるのかもしれないが。

酒場でのチップをどうするか。これも、なかなかむずかしい。岡部《おかべ》冬彦《ふゆひこ》さんは、暮れの、これが最後だというときに、マネージャーやバーテンダーに、まとめてチップを渡すことにしているそうだけれど、スマートなやりかただと思う。女やバーテンダーはすぐに変わるが、マネージャーは長く勤める場合が多い。スマートでうまい方法だと思う。

私は、酒場とは「伊達《たて》ひく所」だと思っている。キザだと思う人は、そう思ってくれてもかまわない。伊達とは心意気である。むこうがこっちに尽くしてくれる。こっちもむこうに尽くす。こっちがヒイキにする。むこうもヒイキにしてくれる。そういう関係だろうと思う。そうでなければ、高い金を出してあんな所へ行く意味がないし、おもしろくもなんともない。

15 書について

下手な字の活《い》かし方

私はずっと劣等感を抱き続けてきた。私は書とまではいかないが、書く文字について、私は字が下手だった。

字の下手な人には何種類かがあると思う。学生の頃、教授の講義をすばやく正確にノートすることはできるのだけれど、字そのものはあまり上手ではないという人がいる。手紙や会社内での事務連絡のメモには美しくて読みやすい字を書くけれど、筆でもって字を書くと滑稽《こっけい》なくらいに下手な人がいる。反対に、筆でもって書くと達筆で会社内で重宝がられている人がいる。こういう人は「寸志」とか「御霊前」なんていう字は天下一品というぐらいにうまい。しかし、そのわりに万年筆で書く報告書の字などはうまくない。あるいは変にくずして書くので読みにくく仕事に支障をきたすことがある。

私はそのどれでもなかった。学校でノートを取るときに筆が早くないので、半分も書きとれない。全部書こうとすると、あとで自分でも読めないくらいに乱れてしまう。会社内の会議のメモも同様だった。ハガキや事務連絡の文字は妙にいじけて、ちぢこまっている。

私はずいぶん苦労した。右下がりにしたり、右肩上がりにしたり、あるいはタテ棒もヨコ棒もまっすぐにして表情の乏しい文字にしようとしたりして、私なりの工夫もしたのであるが、まるで形にならない。癖のある字を書く人がいて、それはそれなりに一家をなしている人がいるが、私の字はそれでもなかった。

字が下手だということは人格まで貧しく思われそうで、それが厭《いや》だった。

しかし、そのうちに、あれは昭和三十五年か三十六年の頃だったと思うが、自分の字はそれほど下手ではなくなっていると思うようになった。すくなくとも劣等感からは解放されるようになった。

なぜそうなったかということを今になって考えてみると、なんといっても、原稿用紙に文字を書くという職業（コピーライター）のために、人よりはずっと余計に文字を書き続けてきたからである。その頃、私は雑文を書きはじめていて、出版社でも評判になるくらいに、きれいな原稿を書いていた。（清書しているのではないかと言われたことがある）

しかし、月産五百枚とか七百枚とかいう流行作家でも、依然として字の下手な人がいる。たくさん書けばうまくなるとは限っていない。

私は自分が字が下手だと思っていたので、丁寧に書くことを心がけた。それがよかったのだと思う。また、わかりやすく書くために原稿用紙の桝目《ますめ》いっぱいの大きな字を書いていた。それもよかったと思う。字の下手な人は字が小さい。

また、大きな字は大きく書く、小さな字は小さく書くようにしていた。たとえば手紙の宛名《あてな》で「中村一郎様」と書くときは、様という字は大きな字だから大きく書く。これもよかったと思う。反対にすると見られなくなる。ためしに「中」「二」を大きく「村」「郎」「様」を小さく書いてみるとよくわかると思う。

さらに、自分用の特製の、桝目の大きな原稿用紙を使っていたのもよかったと思う。文字は四角く書くことを心がける。縦長でも横長でもいけない。だから、原稿用紙を使うのがいちばんいい。

書の要諦《ようたい》は、レイアウトにあり

そこでいくらかいい気になっていたのであるが、小説家になってから困ったことが起きた。

色紙を書かされる。それがどうにも苦痛である。マジックインクでいい加減にやればいいと思われるかもしれないが、性分で、それがやれない。下手なくせに、文士は筆で書くべきだなどと思ってしまう。とにかく、旅先などで色紙を持ってこられると、腹の底からゾーッとなってしまう。

あるとき、出版社の主催で、作家の色紙の展覧会が行なわれた。私はどうすることもできなくて、ふざけて「野に野犬あり」となぐり書きして渡したら、さすがにボツになってしまった。ボツになってよかった。

ここで、またまた途中を省略することにする。いま、私は、色紙をもとめられることが苦痛ではなくなっている。むろん、自慢できるような字が書けるようになったというのではなくて、先方で色紙を用意して、私に書の練習をする機会を与えてくださったのだと思うようになった。下手は下手なりに、ある種の自信というか余裕が持てるようになったということができよう。

どうしてそうなったか。

ひとつには、いい道具を使うようになったからである。私が色紙のことで悩んでいるのを知った友人たちが、硯《すずり》、墨、筆、紙などを恵んでくれた。すべて貰《もら》いものである。ありがたいことだ。最高級ではないにしても、私が使うのはもったいないくらいの一流品ばかりである。

書にかぎったことではなく、稽古事はすべてそうだと思う。いい道具を使うと上達する。将棋でもそうであって、素人《しろうと》は、良い盤と駒《こま》を手にいれると、それだけで大駒一枚強くなると言われている。なぜかというと、いい道具を使うと、心があらたまり、将棋でいえば丁寧に指すようになるからである。縁台将棋はどこまで行っても縁台将棋である。これは、稽古事にかぎらず、非常に大切なことではあるまいか。弘法《こうぼう》は筆を選ばずというのは誤りである。良寛《りょうかん》でも宣長《のりなが》でも、あるいは森鷗外でも、いい筆といい墨を使っていたことが書を見れば一目でわかる。

私は次第に書のおもしろさを知るようになった。書のおもしろさというか、その要諦は何であろうか。

私は書の要諦はレイアウトだと思う。字配りのおもしろさである。かりに写経をするとして、一字一字が上手ではなくても、一字一字をきちんと楷書《かいしょ》で書いて、それが最後まで乱れずに同じ呼吸でもって書きあがったとすれば、それはそれで相当な迫力が生ずるのである。私は、いわゆる前衛書家と称される人の書を認めない。あれは、まあ、書に名を借りた絵画、もしくはデザインである。

次に、この考えを継承した線上にあるところの天衣無縫である。ヤブレカブレである。一本の線を引く。点を打つ。どうもうまくゆかない。失敗したと思う。「十」という字を書くとする。はじめのヨコ棒の「一」で失敗する。しかし、それが次のタテ棒一本で生きてくることがある。そのおもしろさである。そこに書く人の個性があらわれる。それが私の言うレイアウトになる。色紙に文字を書いて妙な空白が生ずることがある。その空白が次の文字で微妙に生きる場合がある。そこがおもしろい。

書は芸、遊び、誰にでもできる

音楽はどんな楽器も駄目、歌も歌えない、踊りも踊れない、絵も描けないという人がいるに違いない。かく申す私がそれである。そういう人に書をすすめたい。

なぜならば、第一に、書は自己流でいいからである。前に書いたように書家の書はつまらないのである。文人、武人、政治家でいい字を書く人がいる。そういう書は、きまって個性的である。すなわち自己流である。

第二に、六十の手習いという言葉があるように、六十歳を過ぎてからでも上達するのは書だけである。ほかの芸事は、二十歳を過ぎてしまってからではもう遅いのではないか。書は、極言すれば、死の寸前まで上達する可能性があるといっていい。

当代の書家であった吉野《よしの》秀雄《ひでお》先生は、字を書く前に、上等のブランデーを少し飲んだ。気合いを重んぜられたのだろう。亡《な》くなる前には、心臓喘息《ぜんそく》の発作のあるときに起きあがって筆を執《と》ったと私に言った。体が弱っても字は書けるのである。

第三に、子どもの字がいちばん良い字なのだということがある。だから誰でも自信をもっていいのではないか。つまり、書とは、童心にかえれるか、いかにして無心になれるかというひとつの賭《か》けであるといってもいい。この賭けには誰でも参加できるのである。

それでは、次に、思いつくままに、その上達法について書いてみよう。

良い道具を使えと前に言った。一本二千円の筆があれば一生つかえるとは言わないが、二本あれば十年や二十年は大丈夫だ。筆だけは良いものを使って大事に保管していただきたい。

墨や硯になると、近ごろはべらぼうに高くなって高級品を買いなさいとはとても言えない。まああの品を探すよりほかにない。ただし、書の墨は濃いほうがいいと思って間違いがない。練習用の紙は新聞紙でもいい。

この原稿が印刷されている明朝《みんちょう》体の活字は、練りあげられた非常にいい書体だと思っている。ふだん、明朝の活字に似せた字を書くことを心がけること。

自信を持つこと。駄目だ駄目だと思っていると上達しない。一本の線で失敗しても、次の線で助けられる。ひとつの字で失敗しても次の字で救われることがある。自信を持ち、しかも無心になることを願い、伸び伸びと思いきって書くのが楽しい。時には酒を飲んでから書くのもいい。書は芸であり遊びである。

ある日、突然、彼女のところに巻紙の恋文が届くなんていうのは、思っただけでも楽しいじゃありませんか。

16　祝詞《しゅくじ》

祝詞とは、一種の創作行為である

結婚式の披露宴の祝詞のとき、スカートと挨拶《あいさつ》は短いほうがいいと申しますがと言う人が必ず現われる。なぜならば「エチケット読本」といったような書物に、そういって固くなりがちな会場の気分を解きほぐすといいと書いてあるからである。

それを聞いた人が、別の結婚式で指名されたときにマネをする。そうやって引きつがれて「スカートと挨拶は……」というのがどこへ行っても聞かれるようになる。ひとつの紋切型である。紋切型が悪いというのではない。結婚式の披露宴では「お二人の愛は長く、スピーチは短いほうがいい」と言う人もいる。

先日出席した友人の結婚式では、やはり、スカートは短いほうがいい、もっと短くもっと短くと思っておりますがと挨拶した人がいた。この人は、もっと短く、もっと短くと思っておりましたところ、最近になって、突然、ロングスカートに変わってしまってがっかりしました、しかし、世の中は、最近は特に急に変わったりするようでありまして、きびしい世相でありますので、今日結婚した若い二人を暖く見守り、よろしく面倒を見てやっていただきたいというふうに結んだ。紋切型を変化させて、割合にうまくまとめたなと思った。

披露宴に出席して、ああ、この人は「エチケット読本」を読んできたなと思われる祝詞を話す人がいる。私はけっして悪い感じは抱かない。紋切型で一所懸命にやっているのだから。ただし、そういう祝詞こそ、できるだけ短くやってもらいたい。なぜならば、いわば型通りなのであって、あってもなくてもいい儀礼的なものに過ぎないのだから。また、その話を知っている人は大勢いるはずなのだから。

突然の指名というのは困る。困るばかりではなく無礼だと思う。それこそエチケット違反である。私は今年で数え齢《どし》の五十歳になり、ある程度のことは覚悟しているし、それなりの用意はしているのであるが、それでも突然に司会者から名を呼ばれると、まず、心臓がドキンと鼓動を打つ。したがってうまくゆくはずがない。そうかといって、パーティーに行って、今日は私は祝詞を述べるのですかと訊《き》くわけにもいかない。

また、祝詞を頼んだほうの側からすれば、パーティーが済んで一段落したところで、結婚式ならば夫婦そろって挨拶に出向くというのが丁寧なやり方である。親しい仲であれば手紙一本でもいい。あるいは電話だけでもいい。とにかく、祝詞というのは激励の言葉であり問いかけでもあるのだから、それに対する返辞なり報告なりが必要なはずである。モノを頼んで頼みっぱなしというのはよろしくない。

紋切型はともかくとして、祝詞というのは一種の創作行為である。私などは創作を商売にしているので、頼まれっぱなしというのは気持ちが悪い。電話だけでいいけれど、返辞なり報告なりを聞きたいと思う。もっとも、結婚式であれば若い二人はそれどころではないのかもしれないけれど。

マイクの前で口をパクパク

祝詞を頼まれたら、それがどういう形式のパーティーであるかを訊いておくといい。洋式でも和式でも、名札のついた席のあるパーティーであるか、それともカクテル・パーティー式のものであるかどうか。

また、できれば、式次第といったものも知っておいたほうがいい。最初に話をするのか、それとも、何人かの祝詞があって、酒が相当に入ったところで話をするのかといったようなことである。司会者の名も知っておいたほうがいい。ラジオのアナウンサーのような専門家であるのか、それとも友人の一人であるような素人《しろうと》なのであるのか。いずれにしても、司会者が誰であるのかがわかったら、祝福されるべき人と自分との関係を簡単に司会者に話しておいたほうがいい。そうすると、こちらも話しやすいし、司会のほうもやりやすい。

さて、名札のある席につくパーティーで、祝詞の順序も前のほうだとわかったら、主賓についての味の細かな話をしたほうがいい。味の細かなといってもむずかしいことではなく、つまり、ほんのチョットシタコトを話せばいい。大義名分を説くといった調子にならないほうがいい。偉そうなことを言われると、食事までまずくなる。

そうでないパーティー、たとえば、バンドが入っていて、歌あり踊りありの余興のあとでの祝詞ということになると、これは、まず誰一人として聞いていないと思ったほうがいい。したがって、極めて短く、極めて大雑把《おおざっぱ》な話をしたほうがいい。ワイワイ、ガヤガヤやっているときに、マイクの前で一人だけ口をパクパクやっているのは、まことに恰好《かっこう》が悪い。

文藝春秋の先々代の社長の佐佐木茂索さんは非常に挨拶のうまい人で有名であったが、あるとき、大阪でのパーティーで、それは広告主を招待した会であったが、あまりに客がやかましいので「どうせ私の話を聞く人はいないと思われますので……」と言って、すぐに壇上から降りてしまった。その会の一隅にいた私は、佐佐木さんが腹をたてるのは当然だと思った。

また、佐佐木さんは、ある有名人の令嬢の結婚式の披露宴では、それがあまりにも盛大であったので「彼本人が結婚するんではあるまいし……」と言って、話らしい話をされなかった。それでいて少しも悪い感じをあたえない所が凄《すご》い。むしろ父親に同情しているような気配があった。

三木《みき》のり平さんの名言

会場へ行ってみて、あ、こりゃいけないと思うことがある。味の細かい話を用意してきたのに、それは不向きだと悟ることがある。

また、会がだんだんに賑《にぎ》やかになって、誰も祝詞を聞いていないという状態のときに自分の順番になることがある。

だから、この頃では、話を二通り用意するようにしている。会場がシーンとしているときには味の細かい話、そうでなくて会場が賑やかになってしまったときの話は、ごく簡単に、大声をあげて話すのがふさわしいような話題にする。

小野田勇《おのだいさむ》さんの放送文化賞か何かの会のときのスピーチは味の細かい話で成功した。小野田さんは、ＮＨＫの「おはなはん」の脚色で知られているが、本来は喜劇のほうの台本がうまい。そこで、当日は、東京の喜劇役者が一堂に会するという感じだった。つまり、客がよかった。

この時は、私が一言いうと、どっと笑ってくれる感じだったし、私の次に指名された小沢《おざわ》昭一《しょういち》さんは、いまの人は私の中学の先輩でしてと言ったきり絶句してしまうような有様だった。小沢さんは、素人にあんなことをやられてはやりにくくて仕方がないと言う。

そこへ三木のり平さんがやってきて、山口さん、いまの話はおもしろかったけれどね、うけたけれどね、もう一度アレをやってうけるとはかぎりませんよと言う。私もそう思った。聴衆がいいのだと思った。打てば響くという感じがあったし、客も私も、酒の回りぐあいがよかったとも言える。

しかし、私は、いくらか調子に乗ったようなところがあり、地方の文化講演会で、似たような話をマクラに振った。ところが、客は、クスンとも笑ってくれない。笑ってくれなくては困るようなところで、深くうなずいたり、ノートを取ったりする。私は立往生してしまった。

そのとき、さすがに三木のり平さんはいいことを言ってくれたと思った。講演にしても、祝詞にしても、話というものは相手次第である。会場により、客により、その場の雰囲気によって変わってくるのである。そこが話のおもしろいところであり困ったところでもある。

「話上手は聞き上手」という言葉があるが、まことにその通りで、小野田さんの会のときは、川口松太郎、中村勘三郎《なかむらかんざぶろう》、森繁久弥《もりしげひさや》をはじめとする話術の妙手がそろっていた。すなわち、聞き上手がそろっていたわけで、別に私の話がうまいわけではなかった。ただし、こういう会のときは、いくら味の細かい話をしても、すぐにわかってくれる。こういうときに、挨拶とスカートは短いほうがいいなんて言えば噴飯モノになってしまう。

小野田さんの会のときの祝詞を再現すると、「むかし、あぶはち座という芝居がありまして、八人の同人がいたのですが、そのなかに一人だけ下手な役者（小野田さんのこと）がいました」と言うと、三木のり平さんが、すかさず「そうじゃないよ。一人だけうまい役者（自分のこと）がいたんだよ」とまぜっかえす。そういう調子だった。

こういう会は、めったにはない。下手な役者がいたという所で笑ってくれないで、あそうか、小野田勇は芝居が下手なので脚本家になったのかと深くうなずかれてしまうと、話すほうは立往生してしまう。

いつも高橋義孝先生の話で申しわけないが、私の直木賞受賞パーティーの祝詞では、先生は「山口君をごく若いときから知っているが、直木賞という賞をこんなに身近に親しく感じたのは初めてです」と言われただけだった。

また、前記の佐佐木茂索さんは、私の出版記念会での乾杯の音頭をお願いしたとき、「山口君は小生意気なところがあるが、小生意気なところが彼の身上です」と言っただけで、乾杯の音頭はオメデトウでなくバンザイでやってくださった。

17　通勤電車

頬を撫《な》でる甘い髪

ずいぶん昔のことになるが、小さな会社に勤めているときに、同僚の一人が言った。

「通勤電車に乗っていて、何が厭《いや》かといって、ソーッと少しずつ寄りかかってくる男ぐらい厭なものはないね。一週間に一度ぐらい、必ずそういう目に遭うんだ。あれは厭なもんだ。逃げようと思っても身動きできないくらいに混んでいる時もあるしね」

そのころは、まだ食糧事情が悪かった。体力がない。だから余計にコタエルのである。何事によらず、ちょっちょっと意地の悪いことをされるのは神経にさわる。だから、私も、同僚の言葉にまったく同感だった。この同僚はセンスのいい男で、まもなく大きな会社の宣伝部長に就任した。

いま、私は、通勤電車に乗るのは、月に一度の早朝会議のある日ぐらいで、事情に疎《うと》くなってしまったが、やはり、そういう厭味なことをして、自分だけほんの少し楽をしようとする男がいるのだろうか。私は今でもいるような気がする。ほんとに不愉快な奴《やつ》だ。

つい最近、四十歳に近い友人から似たようなことを聞いた。

「通勤電車に乗っていて、何が厭かといって、若い男の長髪ぐらい厭なものはない。あれが風になびきましてね、ちょっちょっと、こっちの頬をくすぐる。鼻をなでる。ウウン、これは若い女だな、いいなと思っていると様子が変なのね。体つきが違う。匂《にお》いが違う。よく見ると男なんだ。そうとわかると、もうたまらなくなる。そうかといって、おたがいに身動きがつかないんだ。あれは困る。しかし、稀《まれ》にだね、それが若い女である場合がある。そうなると、いい気分だ。口笛を吹きたくなる。髪の毛にそんなに違いがあるわけがないけれど、まるで気分が違ってくるね」

この友人が、何を思ったか、自分も長髪にしだした。頭髪の伸びが遅いから、去年の暮れからはじめて、七分通り完成というところであろうか。以前はスポーツ刈りで、それがよく似あっていたのに。

「髪を伸ばしはじめてから気がついたんだけれど、長髪にすると、めんどうになって、前よりも髪を洗わなくなるのね。だから、キタナイのよ。髪が短いときは、簡単だから、ほとんど毎日洗っていた。長いと、めんどうになる。だからさ、いつか話した、若い男の長髪が電車のなかで頬にふれる話ね、あれは実にうるさかったけれど、いま考えると、うるさいうえに不潔で臭いのね、そう思うとゾッとする。……それから、板前とかコックとかバーテンダーとか、食べものを扱う商売ね、ああいう人の長髪はいけません。ついつい、手でもって、こうやって、頭のなかをかくのね。頭髪のなかに手をつっこむ。あれはいけない。実に不潔だ。職人には職人刈りってものが昔からあるんだ。長髪はいかん」

そのくせ、自分は長くしようとしている。どういうつもりなのだろうか。

私思うに、その友人は、スポーツ刈りにしていたら、だんだんに天辺《てっぺん》のあたりが薄くなってきた。どうしても目立つ。そこで、長髪にして、オールバックにするか七三にわけるか、とにかく前のほうの髪をうしろにもっていって隠そうとしているのである。いまなら、まだまにあう。同時にイメージ・チェンジを行なおうとしている。一石二鳥である。四十歳というのは、男の頭髪の曲がり角である。

私は、その友人の、まだ、オールバックにするか、七三にわけるか決めかねている、天辺のほうで妙に突っぱっている頭髪を眺めながら言った。

「へええ、そういうものかね」

恐怖の婦人子供専用車

私は中央線で通勤するのであるが、あるとき電車に乗ってみると、どういうわけか若い女の乗客が多い。ああ今日はツイテルナと思い、なるべく若くて美しい女性のいるほうへ行こうと思い、中央に進んでいった。

なんだか、おかしい。全員が女である。そんなことはあり得ない。そう思ったとき、もしかしたら、これは婦人子供専用車であるかもしれないというような気がしてきた。終戦直後ならいざしらず、まだそんなものがあるとは思ってもみなかった。そこで、そっと隣りの車輛《しゃりょう》をうかがうと、そっちは全体に黒っぽくて八割方は男性である。これはもう婦人子供専用車であることに間違いがない。

そこで、私は、誤って乗ってしまったように装《よそお》うために(実際にそうなのであるが)少しずつ少しずつ扉のあるほうへ戻っていった。

その話をすると、同じ駅から電車に乗って通勤している友人が言った。

「ぼくもそういうことがあったんだ。ぼくはね、乗ったら、ちょうど一人だけ腰かけられる席があったんで、シメタと思って、そこにすわって雑誌を読みはじめたんだ。そのうちに、少しずつ混んできて、立っている人が七、八人というくらいになった。……な

通勤の天才

んか変なんだな、様子が。変にシーンとしている。雑誌を置いて眺めわたすと、全部が通勤途上のBGなんだ。まあ若い女たちばかりね。それがジーッとこっちを見ている。ちらっちらっと見る女もいる。刺すように見る女もいる。冷い視線を送る女もいる。ゾーッとしたね。いても立ってもいられない。もちろん、その瞬間に婦人子供専用車だと気がついたよ。気がついたけれど、コソコソと逃げるようにして立つのもイマイマシイからね……。特に立っている女は凄《すご》い顔をしている。注意してくれたほうが、こっちは気が楽なのにね……。カーッとなって、何がなんだかわからなくなった。それでね、そのうちに七十歳ぐらいの品のいい老婦人が五メートルぐらい離れたところに立っているのがわかったんだ。なんか救われたような思いで、声をかけて席を譲ったんだよ。しかしね、よく考えてみると、その老婦人に席をゆずろうとした若い女は一人もいなかったわけね。それからね、ぼくが席をゆずったということでぼくのそばに立っていた若い女が、それこそ、なんというか、女のウラミのかたまりのような顔で、こっちを見ているのね。とにかく、乗ってからずっと無言なのよ。無言劇なのよ。ああ、思いだしてもゾーッとするね。あんなに怖かったことはないよ」

なぜか出世しない通勤の天才

これもずっと昔の話になるけれど、小さな会社にいたときに、同僚のMさんと私とが鎌倉から通勤していた。品川駅で乗りかえて、山の手線に乗り、どっちから回っても同じくらいの時間を要する駅で降りる。

あるとき、彼と話をしていて、何駅の便所はキレイだねといった話になった。当時は便所のない駅もあり、とんでもないホームのはずれにWCのある駅もあった。話をしていて驚いた。

まず自分のことから言うと、私は若い頃から頻尿の傾向があり、ガマンができなくなると途中下車する。だから、横須賀《よこすか》線の各駅、山の手線の全部の駅の便所の在処《ありか》に精通していた。Mさんも同様だった。私と同じくらいに精通している。

Mさんの場合はこうだ。彼は痔《じ》が悪い。悪質の痔である。だから朝の便通にはとても苦労する。たいていは出ないままに満員の通勤電車に乗る。下腹が張ってくる。押される。苦痛なんてもんじゃない。しかし、子どもではないから、ある程度のガマンはできる。そっちのほうのガマンはできるが、便通の前に位置するところのガスのほうがガマンできない。そうかといって、たまりにたまったガスを満員電車のなかで一発で放出することは、モラルの点から言っても、自分自身の羞恥心《しゅうちしん》からしても、やれることではない。それにMさんの一発は一大音響を発するのだそうだ。だから途中下車して便所へゆく。自然に各駅の便所に精通することになる。

いま思いだしたのであるけれど、そう言えば、朝の十時頃、机にむかって仕事をしていると、しばらく席をはずしていたMさんが、ああサッパリしたと言いながら戻ってくることがあった。あれはアレだったんだな。

通勤の天才がいる。九時始業だとすると、彼のタイムレコーダーには、8・58、8・59という数字がびっしりとならんでいる。それを見て、私はいつでもウナッタものだ。私が大きい会社へ入社して以後のことである。

何時発のバス、何時発の電車、その電車のどの車輛、その車輛の何番目の扉から出るか、そういったことを正確に調べてあるのである。大きい会社だから、通勤の天才が五人ぐらいいた。それは私の知っているだけの人数で、本当は十人ぐらいいたかもしれない。

駅で降りて、階段は二段ずつあがり、時計を見て駅から会社までの歩く速度をきめる。めったに駈《か》けることはない。もし彼らが駈けていたら大変だ。私は彼らが駈けていると、何もわけわからずに一緒に駈けだしたものだ。会社の玄関口に到着してタイムレコーダーを押す。ビーンという音がして、8・59という数字がカードにならぶ。私は感動せざるを得なかった。

それでまた、今になってしみじみ思うのであるけれど、いわゆる通勤の天才は、その後の成績が芳《かんば》しくない。出世しない男が多い。あれはどうしてそうなるのか。気の毒でならない。

これは私の経験から言うのだけれど、サラリーマンは、たまには遅刻し、また、たまには会社をサボッてゆっくりと休んだほうがいいようだ。

18　卒業式・入学式

「仰げば尊し」は辛《つら》い歌だ

卒業式の日に「仰げば尊し」を歌わせない学校があった。その学校は、小学校・中学校・高等学校・短期大学を含むところの、一貫した教育が行なわれる学校である。なぜ卒業生に「仰げば尊し」という卒業式の歌を歌わせないかというと、教師にとってあれくらい辛い歌はないからだと校長が言った。また、卒業式は、生徒よりも教師にとって、より一層辛い日であるという。

なぜならば、それは、教師が、未完成な作品を上級の学校へ、あるいは社会へと送り出す日だからである。教師としてはああもしたかった、こうもしたかったという、その三割か四割かのことしかしてやれなかった作品（卒業生）を見ているだけで辛く悲しい。後悔と慚愧《ざんき》で胸が一杯になっている。そこへ「仰げば尊し、わが師の恩……」と歌われるのではたまったものではない。

なるほど、そう言われてみると、校長の気持ちがわかるような気がする。というより、私は、その話を聞いたとき感動した。ちょうどその日は卒業式のあった日で、夜になって、校長と二人の教師と私とで酒を飲んだ。校長は、毎年、卒業式の夜には大酒を飲むという。まあ、そうでなくても酒を召しあがる方ではあるが。

別の日に、その校長は、こんなことを言った。

校庭に一人だけ、ポツンと生徒が立っている。たとえば土曜日の暮れ方であったとする。その生徒は、そうやって、英語の単語でも暗記しようとしているのかもしれない。校長は、そういう姿を見るとたまらなくなる。その生徒は、家庭的に恵まれない子どもである。あるいは体の丈夫でない子どもである。あるいは自分の志望する学校に進学できなくて、浪人中であって、母校にふらふらと入ってきてしまった生徒である。

校長は、そういうとき、仕事を放りだして校庭へ駈《か》けてゆくという。

そうして「おい！」と声をかける。「おい、××君！　どうしている？」。肩をたたくこともある。「おい××君、勉強しているかい？」

どうしてもそうせずにはいられないそうだ。そうして、教育とは、教育の役目とは、そのことに尽きるのではないかと言う。教育とは生徒に声をかけてやることではないか。

校長は、むしろ絶望的な調子で、それ以上のことはできないと言った。

私はこのふたつの話に感動した。それで、この話をモトにして長い小説を書いた。

おたがいに「声をかけあう」

三月の初め、振袖《ふりそで》を着た美々しいお嬢さん方の群れに出会うことがある。まったく何事かと思う。そうして、すぐに卒業式だなと思う。娘をもった親は大変だなと思う。三十万円も四十万円もする振袖をつくるくらいなら、十五万円の洋服をつくったほうがよっぽどいいのにと思う。親の気持ちはそうもいかないのかもしれないが。

そのとき、いつも、このなかに、教師に「おい、どうしている?」という親身な声を掛けられた生徒が何人いるかと思う。ちかごろは、どこもマンモス学校になっている。あるいは受験校である。進学率第一主義である。教師と生徒との間の断絶が言われている。私は、ついに「おい××君!」という声をかけられずに卒業してしまう生徒の数が圧倒的に多いのではないかと思う。失意のときに教師に慰められ激励されるということがないのではないか。私からするならば、そういう教育は骨ぬきである。

百人の卒業生のうち五十人が官立学校へ進学するということよりも、一人の不良学生、一人の気持ちの荒《すさ》んでしまった生徒を世のなかに送りださないということが真実の教育なのではあるまいか。

私の理想とする学校は寺子屋であり塾である。生徒を一人の人間としてその全体をとらえ、その生徒の性格と才能の向いているところを把《とら》え、ひきだしてやることが教育だと思っている。いまの学校はそういう具合になっていない。

もし、教師の側に、卒業式のエチケットがあるとするならば、せめてその日ぐらいは、できるだけ大勢の生徒に声をかけてあげることだ。それには、いまのような、型通りの大掛かりな卒業式でないほうがいい。それは、せいぜい、第一回のクラス会といった規模でありたいと思う。

生徒の側のエチケットも同じことだ。教師の側も淋《さび》しいのである。最初に書いた学校は、男子校もあるけれど、それは高校までであって、女子を主体とする学校である。したがって、生徒が卒業してしまうと、どうしても疎遠《そえん》になってしまうと校長は歎《なげ》くのである。さらに、自分の教えた学問が、女子の場合は活用される機会が少ないので残念であるという。

私は、在学中にも、卒業式の日にも、卒業の後も、おたがいに「声をかけあう」のが大切であり、それが学校の礼儀作法であるような気がしている。（諸君！　これを読んで、そうだと思ったら、在学中にお世話になった恩師に手紙を書こう！）

服装で自分を目立たせるな

卒業式・入学式のエチケットといっても、小学校から大学まであり、その父兄のことがあり、何を対象として書いたらいいのかわからない。

そこで服装のことにかぎって書いてみることにする。

ちかごろは学生服を着る人が少ないから、大学の入学式というのは、背広を着る最初の日といっていいかもしれない。在学中を学生服とか替え上着とかジャンパーなどで過ごしてきた人は、卒業式が、背広を着る最初の日になるだろう。すでにして就職はきまっている。それを着て会社へも行くわけである。

最初に背広をつくるにはどうしたらいいだろうか。

背広の色は、濃紺か灰色だと思ったほうがいい。むろん、無地のものである。

私は紺サージ（学生服の布地）が好きであるが、あれはすぐに膝《ひざ》のあたりが光ってくるので、かえって高価な贅沢《ぜいたく》なものになるという考え方もある（度々着ていると一年で駄目になってしまう）。だから、紺サージの感じに近い丈夫な布地を選べばいいと思う。

灰色の背広というのはフラノのことである。しかし、これも好き好きであるから、灰色の無地にちかいものなら何でもいいと思っている。

このふたつと思っていれば間違いがない。これは、長年にわたって体得したことであるから、どうか、そのまま信用してもらいたい。紺の背広、灰色の背広が一着ずつあれば、あとは各人の好き好きで、茶色でも、赤系統のものでも、縞柄《しまがら》でもチェックでも何でもいいと思う。最初は、とにかく濃紺、次に灰色とおぼえていただきたい。

オシャレとは何であろうか。

多分、人前に出て、その人のセンスがひと目でもわかるような、個性的な、目立つ服装という答えがかえってくると思う。これは間違いである。否《いな》、正反対である。オシャレとは、人前に出て目立たぬ服装をすることである。私はそう思っている。

これは極端な例として言うのであるけれど、薄汚れた背広、クシャクシャの派手なネクタイ、臭くて穴のあいている靴下で会合に出席すれば、その人は目立ってしまう。私が目立たぬ服装がオシャレだと言うのはそういう意味である。

間違っても黒の背広はつくらないように……。ところが、この間違いを若い人はやってしまうんだな。黒はカッコイイと思いこむ。黒は渋くて地味だと思ってしまう。しかし、黒と白ぐらい派手な色はないのである。黒の三つ揃《ぞろ》い、襟は大きくて三角にとがっている。赤いネクタイ、長髪で愁《うれ》い顔。これがいいと思ってしまう。電車のなかなどに、こういう青年がいるじゃありませんか。計算通りに、これは目立つのである。ただしどうにも泥臭い。アラン・ドロンがこういう恰好《かっこう》でパリの下町を歩いたら颯爽《さっそう》として見えるかもしれない。しかし、それは映画のなかの話である。アラン・ドロンでもふだんはこういう恰好をしないだろう。武者人形が町を歩いている姿だと思っていただきたい。

私の言いたいことは、いい若い者が、新入生が、新入社員が服装で自分を目立たせようなんて考えるなということに尽きる。服装で目立たせようとするのは老人のすることである。かりに、卒業式一日だけ人目をひいたとしても、それが何になる。

私はほとんど紺無地の背広しか着ないが、困ることもある。洋服ダンスをあけてみると紺一色。いったい、どれがいつつくった背広であるかわからなくなってしまう。今後は、背広の裏に何か目印をいれようと思う。そうでないと、痩《や》せていたときの洋服を取りだして、オヤ、またふとったかな、なんて思ってしまう。

私も洋服では失敗する。

去年の暮れに、白と黒のホームスパンで全体として薄灰色に見える背広をつくった。その余り布《ぎれ》で鳥打帽をつくった。これは考えとしては悪くなかったと思う。いい感じである。年が明けて、その恰好で競馬場へ行った。まだ黒っぽい服装の多い時期である。私は頭から足もとまでグレイ一色。これは目立ったネエ。

19 ネクタイ・ワイシャツ・靴下

ナイロンの靴下をはくな

中元・歳暮に出入りの商人から貰《もら》った、薄手のナイロンのストライプの入った靴下をはくなと書いたことがある。

いまから十五年ぐらい前の話で、現在はそんなものを呉《く》れるのかどうか、どういう靴下が流行しているのか、まるでわからない。

当時はそれを書いたために、ずいぶん皮肉を言われたり嫌われたりもした。しかし、私の真意は、貧しいサラリーマンであっても、せめてサラリーマンの象徴であるところのネクタイ、ワイシャツ、靴下などで男の心意気を示してもらいたいというところにあった。この考えは間違っているだろうか。贅沢《ぜいたく》であろうか。間違っていたら、すぐに前言を訂正する。

私が会社に勤めていた頃（いまでも勤めているが非常勤）盆暮に何かを呉れる商人が

いた。化学調味料、ハム詰合わせ、缶詰、靴下といった類《たぐい》である。当時の部長は、貰ってもいいけれど、それはせいぜい御仕立券付ワイシャツ程度まででであって、それ以上のものは返しなさいと言った。特に商品券など、現金に近いものは絶対に受け取ってはならないと注意していた。私はこれは名言であると思っている。

御仕立券付ワイシャツは、当時で千五百円ぐらいだったろう。それ以下のものとなると、返すにしても角が立つ。本当に部長はいいことを言ってくれたと思っている。こういう具体的で柔軟性のある注意を与えてくれる上司はなかなかいないものだ。

それで私も靴下などは受け取った。中元期になり、出社して会議でもあると、全員が、薄紫に紺のストライプのナイロンの靴下をはいていることがある。私は、ハハンと思う。同時に厭《いや》だなと思う。

通勤電車に乗って注意して見てみると、わが社の人間にかぎらず、このテの靴下をはいている人が多い。全部が中元で貰ったものであるはずがないが、それを見るたびに鬱陶《うっとう》しいような思いをした。サラリーマンよ、奮起せよ、あんまり自分を見くびるな、そういう思いでナイロンの靴下をはくなと書いたのである。

私は夏でもウールの靴下をはくのが好きだ。じゃりじゃりするような感触がいい。むろん絹製もいい。これはすっきりした感じがする。

私は靴下は銀座のフジヤマツムラで買っていた。当時で一足三千円から四千円という靴下も珍しくない。なにしろ銀座で一番高い洋品店である。まさか三千円の靴下は買わないが、ほどほどの値のものを買っていた。正直に言うと、フジヤマツムラで私の買えるものは靴下ぐらいしかなかった。ほかの売場は見向きもしない。あれは目の毒だったし、私にはオシャレをする気持ちはない。零《ゼロ》がひとつ違う。一万四千円だと思ったハンドバッグが、よく見ると十四万円であったりする。

その頃、私は宣伝部員であって、撮影用の小道具を買いに女子社員と二人で高島屋の特選売場へ行った。ワインレッドの実にいい色のセーターがあった。私はそれを見ていた。

女子社員が、私に、駄目、駄目よと言って手を引っぱって表へ連れだした。私の目つきで何事かを察したのだろう。そのセーターが七千円であったのだから、靴下の三千円は大変なことになる。

それでも私は三千円の靴下を四、五回は買った。お世話になった人にお礼に何を差しあげていいかわからないときに、その靴下を買った。フジヤマツムラの三千円のウールの靴下には修繕用の毛糸がついていた。だから、たいていの人はびっくりする。そんなことがおもしろかったのだから、いかにも子どもっぽい。

ワイシャツは白の羽二重

こう書いてきても、サラリーマンは、出入りの商人に貰った靴下をはくなと言う私の気持ちが理解されるかどうか、私はまったく自信がない。こういう種類のことに関して、特に最近において、私は確信が持てなくなってきている。

私は、みんなが同じ安物の、それも貰いものの靴下をはいていることに耐えられない時期があった。そういうことが、むやみに悲しかった。同様にして、白の無地の靴下をはくなとも言った。映画俳優じゃあるまいし、と思った。流行にとびつくなと書いた。服装は保守的であることがのぞましいと書いた。それだけでなく、白の無地の靴下というものは、そもそもが間違いであると思っている。いまでもそう思う。

靴下が白で、パンツが縞柄《しまがら》なんていうのは、何かおかしい。間違っている。これはもう理窟《りくつ》ではないのかもしれない。内田百閒先生は、終生、東京都とは書かず、東京市と書いたそうだ。これは感覚の問題である。百閒先生からするならば、それじゃあ、京都が首都になった場合は京都都と書くんですかいという気持ちがおありだったのだろう。

ワイシャツのことを書くと、私は白の羽二重のワイシャツが好きだったが、どういうわけか、いまはこれが無い。羽二重に近い布地が、ワイシャツの専門店へ行っても無い。

とても困ります。

羽二重という布地自体は存在するのだから、これがワイシャツの専門店にないということは、そういうものを置いても売れないからなのだろう。時世時節《ときよじせつ》であります。肌につけるものは絹布でサラサラしたもののほうがいいと思うのだが。

私は、たとえば久留米絣《くるめがすり》か何かで、野良着のような感じの布でワイシャツを造ってみたいと思っているのだが、二十年来にわたってそう思っていて、いまだにそれを果たせない。うまい柄物に出会《でっくわ》さないからである。これは、ワイシャツよりも半袖《そで》のスポーツシャツのほうがいいかもしれない。

ネクタイは変幻自在、前衛風でいい

私はネクタイに関しては、けっして保守的な男ではない。いや、ネクタイだけは前衛風であったほうがいいとさえ思っている。

たとえば、紺の背広にグリーンのネクタイというのは、色彩感覚から言うとおかしいのである。おかしいのだけれど、どういうわけか、これがピタリとおさまる場合がある。

もちろん、ネクタイの下にワイシャツがあり、上に背広の上衣があり、ネクタイ、ワイシャツ、背広の上に顔があり、その顔が大いに問題となるのであるが（むろんスタイルということもある）。

濃い紫の背広にピンクのネクタイをしめたら、色彩としては毒々しくて見てはいられないはずであるが、これで恰好《かっこう》がついてしまう場合がある。

ネクタイというものは、女心と同じであって、変幻自在であって、とらえどころがない。始末がわるい。そこが多分おもしろいのだろうけれど。

だから、ネクタイは、値段の高低、色の良《よ》し悪《あ》し、幅がどうのこうの、柄がどうのこうのということは、いっさい関係がない。衝動買いでゆくよりほかはない。町を歩いていて、洋品店のウインドウにネクタイがあったとして、あ、いいなと思ったら、すぐに買う。これよりほかに方法がない。

私はそれができない。根がケチだから、そんなことは、とうてい駄目だ。それに私は臆病《おくびょう》である。冒険ができない。

紺の背広で紺の無地のネクタイで通してきている。前に書いたように、顔があってスタイルがあってのうえの話だから、まったく自信がない。紺の背広、紺のワイシャツ、紺のネクタイでいずれも無地というのは、体格のいいドイツ人なんかであると、とても素敵であるという（アメリカのフォード大統領がこの主義である）。私はドイツ人ではないし、フォードさんでもないから、とうてい無理であるけれど、それ以外の知恵がない。

ネクタイをしめていて、小柄な人で、ネクタイの端が三つ揃《ぞろ》いのチョッキの下から顔をだしているのは恰好が悪い。小柄な人、頸《くび》の細い人は、二本の布が同じ長さになるくらいに短くしめたほうがいい。反対に、横綱北《きた》の湖《うみ》のように頸のふとい人は、前に出る布を長くしたほうがいいと思う。相撲取りがわれわれのような結び方をすると、ネクタイが蝶《ちょう》ネクタイのようになって、みっともない。

野球評論家の小西得郎《こにしとくろう》さんが夏になると素敵なストローハットをかぶっているのをご存じだと思う。なにしろ小西さんは帽子は二百数十種類も持っているようなオシャレな人である。それにしても、あの帽子といい、リボンといい、実に見事なので、わけを訊《き》いてみると、帽子を買ってきて（それもステットソンとかボルサリーノなのだろうけれど）リボンを古くなったネクタイで巻くのだそうだ。オシャレな人はそれくらいの努力をしているのである。私はかねがね、古くなったネクタイの利用法を考えていたのであるが、これには思わず膝《ひざ》を叩《たた》くという概《がい》があった。

ネクタイは、サイケ調で、何が何やらわけのわからない毒々しい感じのものが、案外に似あってしまうことがある。その意味では、女性のスカーフと似たところがある。スカーフは、おとなしいものよりは突飛なもののほうがいい。そういうことが、だんだんにわかってきた。勇気を出して大胆にいったほうが成功する。それがわかっているのだけれど、臆病な私には、それがやれない。

ところで、私は、いま、ナイロンの柄物の靴下をはきたい心境になってきている。サラリーマンでなくなって家にいることの多い私には、それはそれで釣りあいが取れているような気がする。

20　帽子のオシャレ

私の提案、帽子をかぶろう

ちかごろは、明治・大正、そうして昭和初期の写真を掲載するのが、雑誌や週刊誌でのひとつの流行になっているが、男が必ず帽子をかぶっているのに気づくと思う。帽子をかぶっていないのは相撲《すもう》取りぐらいのものだ。

都会の紳士、田舎のオヤジさん、藪入《やぶい》りで町に出る小僧さんなど、誰でも帽子をかぶっている。男は帽子をかぶるべきものである。いや、ある時代までそうであったのだ。

外国での首相や大統領が屋外で記者会見をしたとする。これを写真で見ると、首相をとりかこんだ五十人から百人ぐらいまでの新聞記者の全員が帽子をかぶっている。季節にもよるだろうけれど、だいたいにおいてグレイのソフトをかぶっている。そうして、そのソフトのかぶりかたというか、ソフトの頭に対する角度というか、それが一定している。したがって、それが実に美しい線をつくっている。こういう光景を私は美しいと思う。

戦後になって、日本人は帽子をかぶらないようになってしまった。むかし、銀座通りには何軒もの帽子屋があって繁昌《はんじょう》していた。いまは探すのが面倒なくらいであり、客も少ない。むかしは帽子の型を直してくれる店（多くは帽子屋）もあり、その仕事でもいそがしかった。

帽子屋は景気がわるい。それは、なんといっても軍隊がなくなったからである。軍人は必ず帽子をかぶる。それに、学生も帽子をかぶらないようになって、帽子屋は大きなお得意を失ってしまった。

どうして、戦後の日本人は帽子をかぶらないようになったかというと、アメリカに占領されたからだという説がある。アメリカ人は外国人のなかでは帽子をかぶらないほうの人種に属する。ペラペラの洋服を平気で着る。ペラペラの洋服に帽子は似あわない。ヨーロッパの人たちは帽子をかぶる。

アメリカ人は帽子をかぶらない。髭《ひげ》を生《は》やさない。それで、戦後の日本人から帽子と髭が消えた。

私にはアマノジャクなところがあって、断乎《だんこ》として帽子をかぶり髭を生やした。だから、私は、ある時期、ヒゲと呼ばれていた。その髭をやめてしばらくの間はモトヒゲと呼ばれていた。命名は吉行淳之介さんか十返肇さんかのどちらかである。

帽子をかぶろう

髭は、別の形で復活した。私はヒッピーの運動と大いに関係があるように思う。つまり、アメリカ人が髭をたてるようになったからである。だから、いまの髭は、森鷗外のような、夏目漱石のような、あるいは乃木《のぎ》大将のような髭とは性質が違う。体制側、権威主義の側、あるいは男性の象徴としての髭ではなくて、反体制、もしくは弱者、無関心派のほうの髭であると思う。その証拠に、会社の社長さんは髭を生やさない。

髭は形をかえて復活したが、帽子は依然として流行しない。

この際、私は提案したい。諸君！　帽子をかぶろうではないか。男性の権威を復活しようではないか。帽子をかぶるには一種の勇気を必要とする。諸君！　勇気を出そう。

かぶり方にもいろいろある

オシャレな人は帽子をかぶる。オシャレという言葉に関する解釈はさまざまであろうが、自分の身につけるものに注意を払う人といってもいいと思う。それは、他人に好かれようとするより、自己愛のほうに近いと思う。自ら恃《たの》むところのある人だと思う。

野球評論家でオシャレな人といえば、小西得郎さんと水原茂《みずはらしげる》さんが双璧《そうへき》だとされている。小西さんも水原さんも必ず帽子をかぶる人である。小西さんも水原さんも野球の選手だった。昭和初期にベースボールの選手になるのは、ひとつのハイカラ趣味だった。

その延長が帽子におよんでいる。

はっきり言って、日本人には帽子は似あわない。ヨーロッパの人たちのようには似あわない。どうしても帽子の駄目な人がいる。そういう人はかぶる必要はない。

しかし、自分には帽子が似あわないと思いこんでいる人が多いのではないかと思う。前に書いたように帽子をかぶるには一種の勇気を必要とする。私も実は初めは帽子は似あわないと思いこんでいた。

誰でもすぐに帽子が似あってしまうのではない。特にソフトの場合がそうだ。

終戦直後、高橋義孝先生がソフトをくださった。濃紺のボルサリーノであった。先生は、家へ帰って、鏡のまえで、三十分間、いろいろにかぶりなおして、自分の型を身につけるようにしなさいと言った。まあ、勇気がいるというのはそういうことである。

鏡の前で帽子をかぶってみる。はじめは吹きだしてしまう。どうも、帽子には尊厳と滑稽《こっけい》とが同居しているように思われる。そうやっていろいろにやっているうちに落ちついてくる。自分で納得するようになる。帽子をかぶるには、どうしても、それだけの手続きが必要になる。

ソフトには、いろいろなかぶり方がある。私は、帽子の山をいっぱいに丸く高くしておいて、その中心部をゲンコツで叩《たた》いた形にする。ツバはうしろも前も、すべておろしてしまう。そういうルンペンのような形が好きだ。

普通は、帽子の山を少しへこませておいて、前から左右をつまんだ形にする。ツバはうしろをあげ、前をおろす。これが普通の型であるが好き好きであり、どっちが似あうか研究する必要がある。

角度は、私は前のほうをさげてかぶる。一般には、反対に少しアミダにかぶる人が多いようだ。

こういうふうに、いろんなかぶり方があるのだから、自分で似あわないとあきらめてしまうのは早いし、もったいない。

だから、ホテルのクロークなどで、帽子を乱暴に扱われると厭《いや》な気がする。帽子の生命は型にあるのだ。

高橋先生は、帽子を取るときに、両手で左右のツバを持って、まっすぐ天上にむかって持ちあげるようにされる。そうでなくて、片手で前のほうをつまむと、帽子の先端の傷《いた》むのが早くなる。また、先生のやり方は見た目に恰好《かっこう》がいい。

美男子には似あわない……

帽子をかぶるのはオシャレだけのためではない。第一に日射《ひざ》しを除《よ》ける。第二に危害予防である。工事現場へ行く人は誰でもヘルメットをかぶるではないか。第三に頭髪の保護である。私はアメリカ人が帽子をかぶらないのは、あるいは戦後の日本人が帽子をかぶらないのは、蓬髪《ほうはつ》で平気でいられるためではないかと思う。むかしの日本人は髪をキチンとわけていたので帽子が必要だった。そうでないと風に吹かれてバサバサになってしまう。

帽子でもっともむずかしいのはカンカン帽である。私はこれをかぶりたいのであるが、どんなに苦心研究しても似あわないので、あきらめてしまった。日本人にはカンカン帽は似あわない。カンカン帽の似あうのは、ビング・クロスビイのような卵型の顔でないといけない。

私の知人で頭の四角い人がいた。彼の頭を天上からみると正方形である。その知人がカンカン帽を買おうと思って、銀座通りの帽子屋とデパートの帽子売場を隈《くま》なく歩いた。どこへ行ってもピッタリあうカンカン帽がない。つまり、正方形を満足させるところの円形というのは、とてつもなく大きくなってしまうのである。こういう人は駄目だ。日本人には、悲しいかな、このテの人が多い。

私はよく帽子をなくす。それは酔っぱらって自動車に乗り、帽子を後部の窓のそばに置き、眠ってしまって、家に着いてあわてて降りてしまうからである。ずいぶん惜《お》しい帽子をなくしている。

どこで帽子をかぶり、どこで帽子を脱ぐか。

屋外では帽子をかぶる。室内では帽子を脱ぐ。それは当たりまえだ。問題は、どこが屋外でどこが室内であるかという区別にある。どこが室内であるかはわかるとしても、どこが建物のなかであるかという問題は大変に面倒である。

私は競馬場では帽子をかぶっている。競馬場のスタンドは建物である。またスタンドのなかの特別室は、あきらかに室内である。しかし、そこでも帽子をかぶっている。それでいいような気がしている。しかし、食事をするときは脱帽する。

室内ではむろんのこと、ロビーでコーヒーを飲むときも脱帽する。当然のことであるが、案外にハンチングなんかをかぶったままの人が多い。

ホテルの廊下では帽子をかぶっている。エレベーターでもかぶっている。ただし女性が乗ってくると脱帽する。これは癖のようなものだ。むかし、そうするように教えられた記憶がある。

ぜったいに帽子の似あわない人がいる。小西得郎さんにその話をきいた。

小西さんは帽子マニヤであって、その数二百五十ぐらい、テレビでも紹介されたことがある。また小西さんは、六代目菊五郎《きくごろう》と親交があったくらいで昔からの歌舞伎《かぶき》ファンである。

女形《おやま》の玉三郎《たまさぶろう》が、小西さんに帽子をくださいと言った。小西さんが承知して、玉三郎は二百五十の帽子をかぶってみたが、どれひとつとして似あわない。つまり、玉三郎のような顔、彼のような体型では絶対に帽子は駄目である。別に美男子には帽子が似あわないと言うつもりはないけれど……。

21　鞄《かばん》を持つなら

アタッシェ・ケースは軽薄か

私の友人には編集者が多い。私自身が昔はそうであったのだし、いまは、雑誌の編集者との交際がもっとも多いことになる。そのなかの何人かが自然に友人になり、家族同士で交際するようになる。

編集者に鞄はツキモノになる。なぜならば、執筆者から原稿を受けとるとき、短いものなら折りまげて内ポケットにおさめることができるが、四百字詰の原稿用紙で百枚以上になると、そうはいかなくなる。どうしても、かなりの大きさの鞄が必要になる。

私が編集者であったころ、そうやって貰《もら》ってきた原稿は、会社の大きな金庫に保管したものだった。紛失予防、火災予防のためだった。

また、彼らは旅行の多い商売でもある。特に、古典関係や学術書の単行本を担当している人は、関西方面の旅行が多い。京都には数多くの学者がいるからである。

編集者では、アタッシェ・ケースを使っている人が何人かいる。これは四百字の原稿用紙がピタッと折らずに収納できるからである。見た目にも何か軽快で気持ちがいい。ただし、アタッシェ・ケースの似あう人と似あわない人とがいる。

友人であるところの編集者が、アタッシェ・ケースを持って原稿を取りにきた。彼にアタッシェ・ケースが似あわないということはない。それでも、一瞬、オヤッと思った。アタッシェ・ケースというのは、007のジェームズ・ボンドが持つのにふさわしい雰囲気がある。

私の目つきを察して、彼は、照れくさそうにして言った。

「実は、これは、うちの営業部員の持っていたものなんです。ところが、営業部員は地方の書店回りをするでしょう。そのときに生意気な奴《やつ》だと思われるんですね。何か初めに、警戒されてしまうんですね。軽薄で信用できない男といったふうに……。特に東北方面がいけないそうです。それで、私に貰ってくれと言うんですね。それで、仕方なく……」

彼は、しきりに照れていた。どうも、アタッシェ・ケースには、そういう趣きがある。つまり、私なんかが見ても、一瞬、オヤッと思うようなところが……。だから、彼の言う営業部員の話はよくわかるような気がした。

服装でその人の人柄がわかることがある。いや、服装こそ、その人の全人格の表現であるという言い方もできるように思う。

持物も同じことだ。眼鏡、時計、万年筆、名刺入れ、櫛《くし》、ハンカチなどが、その人の人柄・性情をあらわしている。人柄は頭の中身でありハートだと思われるかもしれないが、その人柄が服装や持物にあらわれてくるわけで、それがまず判断の材料になる。

私の知人で、小説を書くようになってから、ベレー帽をかぶり、パイプ煙草《たばこ》を手にするようになった人がいる。彼は小説家とはそういうものだと思っているようだし、そこに否応《いやおう》なしに彼の人格があらわれてくる。

人柄がくっきりとあらわれる

鞄もそうだ。鞄というのは案外に目立つものなので、人柄がくっきりとあらわれる場合がある。

五木《いつき》寛之《ひろゆき》さんは、大きな厚手の皮製で、さあ、あれは何というのか、ニギリメシを大きくしたような形の鞄を持っている。そのなかに何もかもクシャクシャに詰めこんでいる（なかを見たわけではないからクシャクシャかどうかわからないが、印象としてそうなのだ）。つまり、常に旅をする人という感じがある。五木さんには、家とか家族とかいう印象が薄い。それが彼の鞄にあらわれている。

風呂敷《ふろしき》包みの似あう人がいる。そのまま、すっと、電車に乗って遠くへ行き、初夏の高原や田舎道を歩きだしてしまいそうな……。串田孫一さんには風呂敷包みが似あいそうな気がする。

ズックのショルダー・バッグの似あう人がいる。私の知っているのでは、これもやはり編集者で、鬼と呼ばれる有名な編集長であるが、そのショルダー・バッグには、常に二冊か三冊の単行本が入っていて、往復の電車のなかと会社の勤務時間で、毎日それだけ読破してしまうという。彼にはアタッシェ・ケースは似あわない。

私は、主に三つの鞄を使用している。

そのひとつは、男性用のハンドバッグといったらいいような小さなもので、夏になって上衣《うわぎ》なしで外出するときなど、これが欠かせない。そうでないと、ズボンのポケットがふくれあがってしまう。

そのなかに、定期入れ、ノート、日記帳、予定表、ボールペン、住所録、ハガキ、薬などが入っている。

もうひとつは小旅行用の丸型の軽いやわらかい鹿皮《しかがわ》製で、競馬場へ行くときもこれを使っている。双眼鏡、携帯ラジオ、小さな魔法瓶がぴったりと入る。

残るひとつが大型の旅行用である。私の場合は、四百字の原稿用紙がすっぽりと入らなくてはいけないので、かなり大きくなる。旅行に行くときは、この鞄のなかに、最初に書いたハンドバッグもいれてしまう。旅先で、ホテルから取材に出るときは、このハンドバッグだけを持ってゆく。

私は以前は風呂敷党だった。その私が三つの鞄を持つようになったのは女房の趣味だといってもいい。

女房の実家は、皮革製造業である。女房の亡父は、その方面の草分けといってもいいような人だった。だから、女房は皮製の鞄に愛着と関心があるのである。鞄に関しては、女房のほうが常に贅沢《ぜいたく》だった。いや、見識があるということにしておこう。

女房は、立方体の真四角な鞄を持っている。これは、洋服でも着物でも、たたんだものをタテに重ねることができるので、たくさん収納できるうえにイタマナイから非常に便利であり、四角だから、ちょっとカッコイイところがある。

女房が鞄に凝る理由のひとつは、ホテルに行って、ボーイに鞄を渡すときの一瞬にいい気分になれるかどうかという問題があるようだ。女の身とすれば、旅に出てホテルに泊るのは一種の冒険のような大変な楽しみであるようなところがあり、その最初の瞬間に、ちょっとだけいい気持ちになれるというのもまた大問題であるという。

わかったようなわからないような話であるが、それが女心なのだと思うことにしている。

選ぶときは、持った姿を鏡にうつす

さて、鞄を買いに行ったとする。この場合は旅行鞄である。旅行鞄でもっとも大切なものは何であろうか。それは、実にその大きさにある。もっと正確に言えば、鞄を持つ人の身長体重と鞄の大きさとの比例が大切なのである。大兵肥満の人であったら、とびきり大きな鞄を買ったらいい。あまり小さな鞄であると、終戦直後に、アメリカの進駐軍兵士が小さなパンパン・ガールを小脇《こわき》にかかえているような感じで、何かミットモナイ感じになる。

中肉中背の男が、とびきり大きな鞄を持っていると、どう見たってセールスマンになってしまう。「セールスマンの死」という映画を見た人がいればわかると思うが、あの主人公は大きな鞄を持っているのであって、あれは、いわばセールスマンの象徴になっている。

その人の身長体重に合った大きさというのが第一のポイントになる。そんなことは当たりまえだと誰でも思うだろう。ところが、実際に鞄を買いに行くと、微妙な大小の差があるので驚いてしまう。少し大きいとセールスマン、小さいと集金人になってしまう。

かりに、デパートの鞄売場で鞄を買うとしたら、必ず、鞄を持った姿（全身）を鏡にうつして見なければいけない。鞄売場には鏡があるのが通常であるが、無ければ、洋服売場へ行ってでも鏡にうつす必要がある。

セールスマンに見えないにしても、大きすぎる旅行鞄はどこか滑稽《こっけい》である。問題は、鞄の底辺と地面との距離にあるのかもしれない。まるで外国旅行に出るような恰好《かっこう》で近くの温泉場へ行くのは、どこかおかしい。

小さいと、集金人に見えないにしても、通勤途上の商社員のようになって、旅行の楽しさが半減するだろう。

そのうえに、たとえば私のように原稿用紙がすっぽり入る大きさが必要であるといったような、各人それぞれの条件があるのであって、それを満足させたうえで、身長体重との釣りあいがとれ、見た目に恰好がよく、その人に似あっていて、しかも予算もぴったりとなると、旅行鞄を買うのは、案外にめんどうなことになる。

それでは、ぴったりと合った鞄が見つからなかったらどうしたらいいか。買わなければいい。そうして、はじめは、ごくごく安物の、布製かビニール製の、なんでも詰めこめる（それこそ赤ん坊のオシメをいれてもいいような）大きな袋を買うといい。皮製の旅行鞄となると一生モノであるから、それくらい慎重に買うべきである。何しろ、一見してその人の人柄がわかってしまうのであるから……。

旅行鞄の値段は五万円前後というところだろう。それなら一生使える。少し上等の鞄を買って、時々、靴磨き用の白クリームなんかで手入れをしながら旅行プランを練るのも楽しいものである。

22　贈りもの

年始回りには手拭《てぬぐい》一本

私がかねがね疑問に思っていることのひとつは、元日に挨拶《あいさつ》に行くときに、何か大層なものを持ってゆくという風習である。これは戦前には行なわれなかったことだと思う。どうしてこういうことになったのだろうか。

戦前は、元日の挨拶は、ハガキ十枚か半紙一束か手拭一本ときまったものであった。あるいは、それも無しで、名刺一枚を玄関先に置いてくるだけでもいい。

なぜかというと、本年中はいろいろお世話になりました、来年もよろしくという挨拶は、歳暮のときに、あるいは年末に済んでしまっているはずである。だから、年始というのは手拭一本でいいのである。歳暮に大層なものを持ってゆき、元日にもというのは、クドイような気がする。また、歳暮のかわりに元日に挨拶するというのは失礼である。

そもそもが、元日に挨拶に行くというのは、相手が目上の人の場合にかぎられている。

だから手拭一本でいい。玄関先で失礼してもいいし、相手があがって酒を飲んでゆけと言えば遠慮なく頂戴《ちょうだい》していい。そういうものである。

戦後民主主義に上下の区別はないと言われるかもしれないし、人間はみな平等であるはずなのだけれど、教師と学生、社長と社員、伯父と甥《おい》という関係は、目上と目下である。もし、すべて平等だと思うのならば、元日に挨拶に行かなければいい。元日の挨拶というのは、目上の人の所へ行ってご馳走《ちそう》にあずかることである。

私の所の元日の客は多いが、若い人が一家をなしたなと思ったときは、もうそろそろあなたは元日は自分の家で客をむかえなさいと忠告することにしている。

元日に、洋菓子の三十箇入りという大きな箱を持ってくる人がいる。これは正直に言って迷惑である。だいたい、正月用の乾菓子を用意してあって、それさえもてあましているところだから甘い洋菓子なんか食べられるわけがない。元日の料理はキントンをはじめとして甘いものが多いことを思いみるべきである。洋菓子は腐りやすいから、結局は惜しみつつ捨てることになる。

どうも、元日に食料品を持ってくるというのは、戦後の物資不足の時代の名残りであるような気がして仕方がない。

元日に手拭一本というのは言葉のアヤであるけれど、人気稼業《かぎょう》の人は自分の手拭をつくればいいと思う。それで毎年のことがすべて済んでしまう。

口に入るものなら、ノリ一帖《いちじょう》（いまは一缶か）でいい。ごくごく小さい乾菓子一箱でいい。つまり、元日の挨拶と贈りものは、きわめて儀礼的なものだと考えたほうがいいように思われる。

それと、必ず名前を書いて持ってゆくこと。どなたに何をいただいたか、どなたがお見えになったかがわからないで後で困ることがある。

贈りものは心意気、酒が一番

高橋義孝先生が内田百閒先生にウィスキーを持っていったときに、これは這《は》いものでございますと言った。よそから頂いたものをむしかえしで持ってきましたという意味である。

すると、内田先生は「ははあ、では、これはジョニー・クリーパーですね」と言ったそうだ。クリープは這うという意味である。高橋先生の持っていったウィスキーは、ジョニー・ウォーカーの黒であった。高橋先生は、多分ご自分で買って持っていらしたのだろうけれど、こういうヤリトリがおもしろい。

私は、贈りものは酒にかぎると思っている。どんな場合でも、酒なら間違いがない。さっきの元日の贈りものでも、酒なら大歓迎だ。案外に、充分に用意したつもりでも酒が足りなくなるということがある。

火事見舞でも酒でいい。人が不幸に遇《あ》っているのに酒どころではあるまいと思う人がいるかもしれないが、意外にもそうではない。

火事は夜中が多い。だから寒い。元気をつけるには酒にかぎる。また見舞にきてくれた人に対しては酒があると便利ということもある。酒はツマミを必要とせず、立って飲めるし、また一杯の酒は気持ちを落ちつかせるし、気分転換になる。

永井《ながい》龍男《たつお》さんは、ある人の火事見舞に何組かの布団《ふとん》を持っていったという。なんという気の利《き》いたお見舞いであることか。焼けだされた人が物置小舎《ごや》に寝るにしても、あるいは近所の家に泊めてもらうにしても、自分の布団で寝られるというのはありがたいことであったに違いない。

これは特殊な場合であるとして、他人に贈りものをするときは、後に残らないものがいい。消えものがいい。ともかく私はそういうふうに心がけている。長く記念として残るなんてイヤラシイじゃありませんか。

たとえば新築祝いに呼ばれたりすると、酒一本(多くはウィスキーかブランデー)とバラの花束を持ってゆく。酒はその日のうちに消えてゆくだろうし、花束の寿命は、せいぜいが五日間である。

贈りものというのは心意気である。それが通ずればいい。それには酒が一番だ。それから、相手の負担にならないものがいい。酒も花束も、消えてゆくものである。何を貰《もら》ったか忘れてしまうというふうでありたい。

もし、そうでないとすれば、市販のものでなく手製のものがいい。皇后陛下がエリザベス女王に差しあげたものは、皇居のなかの御養蚕所で織った白絹であった。われわれにはそんなことはできないが、できれば値段のわからないものがいい。心づくしのものがいい。

趣味的なものは他人に贈るな

いただいて一番困るのは趣味のわるい美術品である。それも、飾っておかなければならぬものである。そうして、それは大きいものであるほど困る。高価であるほど困る。

総じて、趣味的なもの、美術品に類するものを他人に贈るべきではないと思う。それは自分の趣味を他人に押しつけることになる。こんなに失礼なことはない。

ネクタイでもそうだ。ネクタイというのは、実用品であるけれども、男の飾りである。私は何本もネクタイをいただいているけれど、そういうネクタイを締めたことは一度もない。だから困ってしまうし、ネクタイをもらうと不快になる。

私のところでは、中元・歳暮期には、ウィスキーか靴下を贈ることにしている。酒の飲める人にはウィスキー、飲めない人には靴下と決めている。

贈りさきは、恩師、子どもの世話になった教師（子どもは、もう大学を出ている）、医者、弁護士など、先生と名のつく人が多い。

ほんとうは、下着を他人に贈るのは失礼なこととされている。靴下も下着であるけれど、これは長い間の経験で、非常に喜ばれることがわかっているので、あえてそうしている。中元期には夏用の絹の靴下、歳暮期には冬用のウールの靴下を二足か三足。なるべく無地にちかい地味なものを選ぶ。また、ゴルフをする人には少し派手なものをまぜたりすることもある。

靴下は消耗品である。消えるものである。これが他の下着類や、ネクタイ、ハンカチなどと違うところである。三足の靴下は半年で捨てられるものと考えている。独身男性が、穴のあいている靴下をはいているのを見ることがあるので、それで喜ばれていると思っているのであるが、どんなものだろうか。

いずれにしても、贈答品は、砂糖なら砂糖、化粧品なら化粧品と決めておいたほうが相手にとって便利なのではあるまいか。そうすれば、余計なものを買わないで済む。

まえに、出入りの商人から貰ったナイロンの靴下をはくなと書いたことがあり、それと矛盾するようであるが、私の買うのは、絹やウールの、ふだんばきには少し惜しいくらいの、やや上等なものと思っていただきたい。それにしても、金額的にはたいしたことはない。羊羹《ようかん》やツクダニと同じぐらいの値になるだろう。

そのほかに、親類の老婦人たちに赤玉ポートワインの赤白の詰めあわせを贈っている。これこそウイスキーの五分の一くらいの値段になるが、老人になると、自分宛《あ》てで何か貰うことだけで嬉《うれ》しいのだ。毎晩一杯ずつ飲んでいるという本当に嬉しそうな礼状が届くので、こちらも楽しくなる。気は心というものである。

贈りもので、貰って嬉しいし、さしあげて喜ばれるのは、地方の名産、たとえば新潟地方の鮭《さけ》とか、広島の鮎《あゆ》とか、そういったものを売る確かな店と契約して発送されたものだ。これはありがたい。それはわかっているのだけれど、ついつい面倒になって、安直にすませてしまう。

そのかわり、京都へ行ったときは、つとめて漬物や和菓子の店へ行き、友人知人に発送することにしている。

先日、中学時代の同級生で耳鼻科の医者をしている友人のところへ遊びに行った。息子と妹の一家がいつも世話になっているので、ウィスキーを持っていった。

彼は応接室の飾り棚の下を開いてみせてくれた。そこにウィスキーとブランデーがずらりとならんでいる。そこで、いま、私は、贈りものは酒にかぎるという説を少し訂正しなければならないのではないかと考えているところである。

23 外国製品

万年筆はあちらもの

国産品と舶来もの（舶載もの）とどちらがいいか。これは古来から論議の尽くされたテーマである。

私はその国のものはその国のもののほうがいいと思う。結論はそこに尽きる。たとえば、アメリカで日本酒が生産されたとして、それがなかなかにうまいものであったとしても、そのサケを飲むことはあるまいと思う。

私は、少年時代、異国趣味とか異国情緒とかに憧《あこが》れた。横浜の元町《もとまち》とか神戸《こうべ》の東亜《とうあ》ロードを歩くのが好きだった。戦時中ということもあって、それだけで胸がときめいたものである。そのときから、舶来ものはいいものだという観念があった。いや、多くの日本人は、心の底ではそう思っているのだと思う。

たとえば万年筆はどうだろうか。もともと、万年筆は外国のものである。しかしそれを使って書く文字は日本字である。

これは私個人の経験であるが、万年筆で文字を書くことは私の職業であるので相当に信頼してもらっていいと思っているのであるが、日本字を書くには絶対に日本の万年筆のほうがいい。ナメラカにすらすらと書ける。日本製の万年筆はそういう具合にできている。ところが、私の場合であると、私は力いっぱいに書くほうなので、日本製の万年筆であると、三ヵ月で駄目になってしまう。万年筆の生命はペンの先端にあるのであるが、それがガタガタになってしまう。これは国産品か舶来かを論ずる場合の非常に重要なことである。

そこで、実際には、外国製品を使っている。私は万年筆ではどれだけ苦労したか知れやしない。どれだけの大金（私にとっての）を投じてきたことか。しかるべき文房具屋へ行って、一万円から一万五千円、ときには二万円の万年筆を買ってくる。売り場で何度も書き味をためしてきたのに、いざ自分の原稿用紙にむかって書いてみると、どうにも具合が悪いのだ。そういうときにはガッカリする。

私がいま使用しているのは、すなわちこの原稿を書いているのは、梅田晴夫《うめだはるお》さんにいただいたパーカーである。多分、二十五年ぐらい前の製品だろう。いまのところ、これでないと、どうにもいけない。梅田さんは作家であり、万年筆の蒐集家《しゅうしゅうか》でもあるので、私の感じをよく知っていてくださって、これでどうですかと言って、古ぼけたパーカーを取りだしてくださった。その顔を忘れることができない。まるで秘薬を試そうとする医者のような顔だった。実際、その薬はよく効いた。

万年筆が一本というのでは心細い。私が、サブというか副将格で使っているのは、常盤《ときわ》新平《しんぺい》さんがアメ屋横丁で買ってきてくれたペリカンである。これは、戦前からあった型を復刻したもので、さかんに広告をしているからご存じの方が多いと思う。これも調子がいい。

他に、オーロラ、オマス、シェーファー、ウォーターマンなどがあるが、細字を書くにはいいが、原稿用紙に書くには細すぎて使えない。

私は、いま、こういう実験をしている。ウォーターマンならウォーターマンに黒のインクを詰める。それで絵を描く。そうやって使い馴《な》れたところで文字を書くようにする。しかし、使い馴れてペン先の具合がよくなるまでに何年を要するだろうか。インクはモンブランのライト・ブルーである。私は万年筆には万年筆の色があるように思う。黒は絵を描くときだけだ。

馬鹿《ばか》に万年筆にこだわるようであるが、私は万年筆をかえると文体が変わってしまうような気がして、それがこわいのである。細字しか書けない万年筆だと、小さな字になる。気持ちがちぢこまってしまうような気がする。太すぎてインクの乾くのが遅いと、文字を書くスピードが遅くなって調子が狂ってしまう。

外国製品は丈夫で長持ち

一般的に言って、外国製品のほうが丈夫で長持ちがする。日本製品は寿命が短い。布地がそうだ。皮製品がそうだ。洋家具がそうだ。鍋《なべ》、釜《かま》、ヤカンの類《たぐい》がそうだ。食器類しかり。文房具一般がそうだ。書物なんかもそうだ。

洋服布地は英国製がいい。ただし、仕立ては日本の洋服屋も悪くない。そのことは前に書いた。もっとも、私は、英国の何市の何屋さんという仕立屋を知っているのではないが……。一般的な話である。

靴も外国製のほうがいい。まことに不思議な話であるが、寸法を取ってあつらえた日本の靴よりも外国の出来あいの靴のほうがピッタリあうし、足になじんでくるし、長持ちがする。私にはスイスのBALLYという靴が具合がいい。総じて皮製品は外国製がよく、特にイタリーがいい。皮を扱ってきた年月の長さが違うのだ。下駄と草履《ぞうり》は？　バカなことを言っちゃいけない。

鍋釜はスイス製やドイツ製がいい。どっしりとしていて、台所はこうありたいという気持ちになってくる。

陶器は日本のほうがいい。もと中国のものであったのだが、陶器は完全に日本のものとして消化されている。私は日本製品のほうが好きだ。ただし、コーヒーとか紅茶のカップのデザインということになると、あちらのほうが断然すぐれている。ここでも伝統の力が違う。日本製品は妙に民芸調になってしまっていけない。民芸というのは、農民が生活の必要に迫られて手造りで造った素朴な味が生命であるが、必要のない人間が姿だけ真似《まね》たものにいいものがあるわけがない。

時計は国産品のほうが好きだ。時計というものは正確な時刻を知らせてくれればいい。生命はそれである。その点では国産品は非常に優秀なのではあるまいか。しかし、次に、身につけるものであるから、美しくないといけない。デザインがすぐれていること。時計のデザインは、見やすいということが第一条件である。この点になると、やはり外国製品がよろしい。

総じて、時計のような精密機械においては、日本製品の程度は高いのではあるまいか。カメラ、ラジオ、テレビなんかは国産品がいい。双眼鏡も日本製がいい。自動車も私はトヨタをひいきにしている。日本の道路にあわせる研究をしているところがいい。

時計は、私は、セイコー社の鉄道時計を愛用している。懐中時計で八千円。文字板の文字がはっきりしていて、きわめて見やすい。原稿を書くときにそばに置くのにもいい。むろん、鉄道員の使う時計だから、きわめて正確である。また、ちょうどお値頃なので、おめでたい席でのプレゼントに使うのに便利である。

食物に関してはだんぜん日本料理

これは、国産品と舶来品との話から少し逸脱するかもしれないが、食物に関しては、だんぜん日本がいい。

外国に三ヵ月か半年ばかり出張する商社員は、カレンダーに×印をつけて日付を消していって、帰国する日を楽しみにするという。なぜそうするかというと、何よりもまず日本食が食べたいからだそうだ。その気持ちはよくわかる。

日本ビイキの外国人の数が非常に多くなった。彼らは、一様に、日本の食事がうまいという。それで祖国に帰るのが厭《いや》になってしまう。なんといっても、まず、食事なのだ。

肉がうまい。魚がうまい。エビ、カニがうまい。野菜がうまい。料理の仕方が、ほとんど芸術の域に達している。もし、それ、サシミ、ナットウ、トウフ、ミソシル、ツケモノが好きになってしまったら、どんな不便を忍んでも日本に残ろうと決意するだろう。

私は、いかにドイツのハムがうまいからといっても、上等なマグロのトロの味にはとうてい叶《かな》わないと思う。むろん、フォアグラやキャビアもエスカルゴもうまい。しかし、カツオの中落《なかお》ちのアラ煮の血あいの部分の味は、優にこれらの味に匹敵して少しも劣らないと考えている。しかも、値段でいえば、中落ちなんかはタダも同然で、捨ててしまう家庭も多いのだ。フォアグラもキャビアも、目の玉がひっくりかえってしまうくらいに高価である。

アンコウ鍋、ネギマ鍋、湯豆腐なんかも家庭でやればまことに安い。(マグロは少し高いが、来客用のサシミが残ったときなど、ネギマ鍋は絶好である)うまいばかりでなく、日本料理の種類は極めて豊富であり、無限であるといってもいい。しかも、季節ごとに、それぞれの味があり美しさがある。それに、主食であるところのコメは、こんなにうまいものがあるかと思われるくらいにうまい。メキシコの主食は、トウモロコシに石灰をまぜたものである。比較にも何にもならない。

私は、かねがね、疑問に思っている。いったい、かの婦女子の憧れのマトであるところの高名なるフランス料理店のフランス料理は本当にうまいのだろうか。

フランス料理にもトンカツにちかいものがある。これは浅草上野あたりの、ちょっとは名の通ったトンカツ屋のカツのほうが絶対にうまい。それは私が証明する。フランス料理のカモや、貝類を使った料理、魚もうまいことはうまい。しかし、それは一皿で充分であって、日本料理のように、次から次へ珍味佳肴《かこう》が出てくるのとは違う。日本料理のワビ、サビ、渋味、隠し味、あるいはアブラ濃くない膏《あぶら》の味わいと較《くら》べれば、フランス料理など足もとにも及ばないと思っている。まして、ドイツ、イギリス、アメリカ、イタリーなどの貧しさは論外である。

とにかく体質にあわない。中国料理もそうだ。そう思っているのは私の偏見だろうか。

24　別れる

「畳の目のひと目ずつ」が極意

「女と別れるときはね、山口くん……」あるとき高橋義孝先生が声をひそめるようにして言われた。「いきなり、パッと別れちゃ駄目ですよ。パッと別れると出刃庖丁《でばぼうちょう》です。あるいは毒薬のまされたり……」

それから、さらに、先生は、これは想像で言うんですがと言って、次のように話された。

「いちばんいいと思うのは、畳の目ほど離れてゆくんです。少しずつ少しずつさがってゆく。毎日、毎日、ちょっちょっとさがってゆく。急にパッと離れるといけない。梅一輪一輪ずつではいけない。大きすぎる。畳のひと目、あるいは結城《ゆうき》のひと目ずつかな。百パーセントでつきあっていたとしたら、明日は九十九パーセント、翌々日は九十八パーセントというぐあいに、少しずつ、ゆっくりゆっくりと……」

なるほどなあと思うけれど、実際のところは、私にはよくわかっていない。

銀座の若いマダムやホステスがよく自殺することは、あまり知られていないことだと思う。ナニちゃんがいなくなる。次にナニちゃんは死んだのだという噂《うわさ》を聞く。しばらく経《た》って実はナニちゃんは自殺だったという話を聞く。そう言われてみて、あんなに元気だったナニちゃんが急に死ぬわけがないと気づく。そういうことが何度かあった。

女はこわい。特に美人はこわい。その美人が三十歳にちかづいて焦《あせ》ってくると、いよいよこわいことになる。(私も想像で書いているのだが)

銀座の酒場は伊達引《たてひ》くところである。言いかえれば虚栄心のかたまりである。したがって、誇りを傷つけられると簡単に死ぬのである。あるいは、出刃庖丁をふるい、毒薬を懐中にすることになる。そういう、こわいシロモノであるので、高橋先生の言われるように、細心の注意が必要である。これは商売女に限ったことではない。素人《しろうと》のほうがもっとこわいかもしれない。立教大学助教授の事件など、例はいくらでもある。せっぱつまれば、相手を殺し、自分は一家心中ということになりかねない。

畳の目の一筋ずつというのは、おぼえておいて損のないことだと思う。これも、つまりは、相手の誇りや虚栄心を傷つけないということに通じるかもしれない。急にパッと別れてはいけない。相手の女が、すこしずつすこしずつ悟るという具合にしないといけない。すると、自分で納得するのだろう。

女は簡単に死ぬのである。あるいは簡単に殺すのである。話しあいで結着がつくということはない。女のほうが自分で納得できるような理窟《りくつ》を自然につくってやらないといけない。

「そうだわ、わたしは振られたんじゃないわ。わたしのほうが嫌いになったんだわ」

そう思わせないといけない。これも想像で書くのだが。

「しかし、先生……」と私は言った。「きれいさっぱり別れたつもりでも、そこでまたヤッとつかまっちまうんじゃないですか」

高橋先生は笑っていた。そうして、こう言われた。

「これも想像なんですが 焼けぼっくいには特別な味がありますね。なくなっていた万年筆が出てきたような。ああ書ける、そういう感じがありますね。焼けぼっくいの場合にはスラッと書けてしまう。泳げる人が何年も泳いでいなくてもプールにとびこめると泳げるように。自転車に三年乗らないでいても乗れるように……」

別れのときにふりむかないこと

誰かが、女と別れるときはふりむいてはいけないと書いていた。和田芳恵《わだよしえ》さんであるような気がするが。

それも、女のこわさ、あるいは焼けぼっくいのこわさに通じるように思われる。別れるときは一心不乱に、ふりむかず、逡巡《しゅんじゅん》することなく、用心深く、ゆっくりと、少しずつ別れなくてはいけない。いわば、それがエチケットである。女のためであり、自分のためである。

川端康成先生は、こう言われた。女は、自分の愛する人にピストルがむけられたとき、そこへとびこんでいって自分が射《う》たれてしまうということを平気でやれる。それが女の愛の強さであり、女の貴《とうと》さである。だから、女が好きだ。

これも女のこわさの話になると思う。平気で死ぬことができる。愛は女にとっての戦場であるような気がする。しかし、女は、愛というものがアヤフヤなものであることに気づいていない。

梶山季之はこう言っていた。

「ヒトミちゃん、女と別れるなんて簡単だよ。女と一緒に寝るだろう。そのときに寝小便をしちまえばいい。それを三度続ければどんな女だって別れてくれる」

こういうことは人生の達人でないとできない。こうすれば、女の自尊心を傷つけることなくして別れられる。理窟はひじょうに簡単である。簡単であるが、そんなことはできない。

その道の達人であるところの男が言った。

別れるときはふりむかない

「そんなことはワケないよ。とにかく泣けばいいんだ。女はね、男の涙に弱いんだ。俺はね、きみを愛している。そのことは間違いもないし嘘《うそ》もない。しかし、俺には妻子がいる。どうしてもこのへんで別れなくてはいけない。きみを愛しているから別れるんだ。そう言ってね、恥も外聞もなく、ワアワアと泣きだすんだ。そうすると同情して女も泣きだして万事結着がつく。しまいには俺の女房にも同情してね、わたしという女がいるのが悪かったなんて言いだすからね。女なんて単純な動物だからね。これでいいんだ」

私は、また、なるほどと思う。そう思うけれど、そんなことも私にはできそうにも思われない。

好感のもてる「出来上手の別れ下手」

あるとき、土岐雄三さんに、女と別れる極意を訊《き》いてみた。すると、意外な返辞がかえってきた。

「わたしは別れないんです」

私は土岐さんこそ、その道の達人であると思っていたのに。

「別れない？」

「ええ。むこうがいなくなるまで、去っていくまでくっついているんです。それで、たいがいは去っていきますね」

「……」

「去っていかないのは内儀《かみ》さんだけ」

土岐さんは惚《ほ》れた女が厭《いや》になったということは一度もないという。天然自然に別れることができるという。これぞ達人の極意かもしれない。その芸に遊ぶという感がある。

そのとき、土岐さんは久生十蘭《ひさおじゅうらん》さんの話をした。久生十蘭が何年間かつきあった女性と別れるときに、イヤダと言うのに三年かかったという。最初の一年はイの字だけ。次の年はヤの字だけ。三年目にダの字だけを言う。そのくらいに時間をかけないと駄目だという話だった。すなわち、もし円満解決しようと思ったら、気の遠くなるような時間がかかるわけで、これは畳の目の一筋よりも凄《すご》い。

土岐さんは、また「霜が朝日にあうように」というウマイ表現を使われた。霜が溶けていくように自然に別れるのがいいという。霜に朝日が射《さ》す。冬の陽だから弱々しい。夜になるとまた霜は固くなる。溶けそうもない。しかし、やがて春がきて、その霜は自然になくなってしまうものだという。いずれにしてもひじょうに時間を要するのである。ただし、土岐さんご自身の場合は、惚れた女が厭になることは無かったという。

ある人がある人を評して「出来上手の別れ下手」だと言った。女にはヤタラにもてる。あるいは口説いてモノにするのがうまい。しかし別れるのが下手で、いつまでも女を背負いこんでしまう。あるいは面倒を見てしまう。

こういうことは、結局は妻子を泣かすことになる。相手の女も不幸にする。二年か三年ならいいけれど、十年も経つと、相手の女も女房同様になってしまって、いよいよ別れにくくなる。女も齢《とし》を取る。誰かと結婚することによって解決するという道も困難になる。男は、また別の若い女をもとめる。その女とも別れられない。これが「出来上手の別れ下手」ということであるらしい。

だから、あるときは、それがいかに残酷であっても、いかに危険であっても、思いきって別れてしまわなければいけないと、ある人が言ったのだ。

前に書いたような、女の前で泣いてみせるような、嘘涙を流すような卑劣な手段に訴えても別れてしまったほうがいい。それが妻子のためであり相手の女のためであり、なによりも自分のためであるという。

私は、それを聞いたとき、またナルホドと思った。たしかにそういうものだと思う。しかし、心の隅のどこかで納得のいきかねるような気持ちがあった。つまり「出来上手の別れ下手」と評された男に同情したい気持ちになっていた。もっと言えば、私は「出来上手の別れ下手」と評された男のほうが好きになってしまっていたのである。

諸君はどうか。諸君はどっちを取るか。私には判断のしようがない。いずれにしても他人の色恋の話である。私は、女のことでクヨクヨと悩んでいるような男のほうが好きだというだけのことである。いずれにしても、この話、その道の達人が苦労しているように、簡単な結論が出るわけがない。

本書は、作家山口瞳氏の副読本である

中野　朗

「礼儀作法入門」は雑誌「GORO」の創刊号（七四年六月十三日号）から翌年七月十日号まで二十七回に亘《わた》って「礼儀作法」として連載された。「GORO」は読者を十五歳から二十五歳の男性をターゲットにした月二回発売の、日本版「PLAYBOY」とよく似たコンセプトを持った雑誌であった。当然誌面はファッション、音楽、男の遊びが中心であり、グラビアページにはアイドルやヌード写真がふんだんに載っている。そういうなかでこの山口瞳氏の連載は異彩を放っていた。大人の男になるためには、こうした知識、男の拘《こだわ》りも必要だよ、という意図で企画されたものではないだろうか。この狙《ねら》いはあたり、読者からの評判もよく、七五年八月二十八日号より「続・礼儀作法」として再開された。

この「礼儀作法」は連載が終了した七五年十二月に祥伝社からNON・BOOKの一冊として「礼儀作法入門」と改題し刊行された。

この新書判の本の売れ行きがどうだったかは、初版しか持っていないのでよく分からない。その後七七年七月に集英社文庫にラインナップされた。（こうしてみると、ずいぶん文庫化が早い。こんな時代から文庫化が早かったのだろうか）私が持っている同文庫は七八年一月第五刷である。半年そこそこで五回増刷されており、よく売れたようだ。

連載は二十七回であったが、単行本に収録されたのは二十四篇である。一回目の「最初の毛皮」、九回「友情について」、十七回「旅にしあれば」の三篇が未収録になった。内容は面白いのだが、「礼儀作法入門」には相応《ふさわ》しくないと判断されたのだろうか。これはチョッピリ残念である。

この連載を始めたころの山口瞳氏は、週刊新潮に「男性自身」を、週刊朝日に「金曜日の夜」の連載を持ち、別冊文芸春秋、別冊小説現代のそれぞれに対談の連載をもっていた。連載間もない九月からは週刊現代に「競馬必殺鉄火場戦法」、オール読物の九月号から「オール球談」の連載を新たにスタートしている。週刊誌の連載が三本、月二回の雑誌に一本、月刊誌に一本、三ヶ月ごとの別冊に二本の連載を抱えた当時、山口瞳氏は四十八歳、まさに脂《あぶら》の乗りきった仕事ぶりである。だが、さすがに小説の仕事は少ない。文学界に連載し七二年に単行本となった「人殺し」で一区切りをつけ、書き下ろしの作品である「血族」のための準備期間だったのだろう。

私は「礼儀作法入門」を集英社文庫で読んだ。正直に書くとこのタイトルを見て余り読む気はおこらなかった。買った本が第五刷というのもそれを裏付けている。表紙が山藤章二氏の山口瞳氏の絵でそれがとても可愛らしく描かれており、それで買ったような記憶がある。夕刊フジに連載した「酒呑《の》みの自己弁護」のさし絵も山藤章二氏であり、この絵の山口瞳氏も可愛らしく描かれている。その頃、山藤章二氏の描く吉行淳之介、野坂昭如、井上ひさし氏らの絵は、描かれた当人が切歯扼腕《せっしやくわん》するような毒に充《み》ちたものだっただけに、不思議な気がした。山藤章二氏は熱烈な山口瞳ファンではないだろうか、と想像した。

買ってからもしばらくは読まなかった。読む気にならなかったといっていいだろう。七〇年に塩月弥栄子氏がカッパブックスから「冠婚葬祭入門」を刊行し、四百万部という大ベストセラーになった。それを読んだわけではないが、同じような内容の本なのだろう、という思い込みがあった。

どんなきっかけで読むことになったかは忘れたが、一読して自分の不明を恥じた。この本には日常生活上、社会生活上でのルール、エチケット、マナーについてはもちろん書かれているが、それ以上に生身の山口瞳氏が色濃く書かれているではないかと思った。この本のまえがきに山口瞳氏は「いままでの多くの礼儀作法の書物が教科書であるとすれば、私の書いたのは副読本である。あるいは参考読物である」と書いているが、私に言わせると、この本は作家山口瞳氏の副読本である。正しく山口瞳氏を理解するためにこの書は必読本である、ということになる。

たとえば、山口瞳氏のファンであるなら、氏が「重い祝儀《しゅうぎ》病患者」であることはよくご承知のことと思う。その点について氏は本書のなかでこう解説している。小料理屋などの、その店がいい店である最大の条件はなにか。料理がうまい、ということではない。いい店であるところの最大の条件は、従業員の感じがいいか悪いかにかかっている。客の心を敏感に読みとってくれる店、これが最高である、として、「そうだとすれば、その従業員が、気持ちよく働けるものを、こっちのほうでも提供しなければならない。お金では失礼だけれど、もっともサッパリとしていて便利なものが金である。（略）これは、人間と人間とのオツキアイというものではなかろうか」

ウーン、そうなのかとは思うが、納得はできない。納得はしないが、山口瞳氏の人間としての品性のよさに感心してしまう。

山口瞳氏は、自分は客だからとか、金を払っているのだから、と店の人にゾンザイな態度をとる人間をイナカモノとして徹底して嫌悪《けんお》した。なんといっても氏は「旅館、料亭、小料理屋、酒場、喫茶店などは文化そのものだと思っている。そこで働く人たちも文化である。私自身は、そこを学校だと思い、修業の場だと思って育ってきた」（「行きつけの店―時の移ろい」）人なのだから。

また、「13　タバコと灰皿」の項にはこんな条《くだ》りがある。

長い間、私のところでは、灰皿のことが懸案になっていた。いい灰皿がほしい。それがなかなかみつからない。

いい灰皿とはどういうものであろうか。

第一に、風が吹いてきても灰がとばない。第二に、灰皿というものは一種の置物であるのだから、デザインが良くなくてはならない。すくなくとも、邪魔にならないデザインであることが絶対不可欠の条件である。第三に、洗いやすいということ。（中略）

このような灰皿を探すこと、実に三十年に及んだ。つまり、理想とする灰皿が無いのである。

たかが灰皿ぐらいで、何を大袈裟《おおげさ》な、と思う人は山口文学と無縁の衆であると言いたい。氏は拘りの人である。徹底して拘ることで山口文学の世界は成立しているのだと考えている。山口瞳氏は「理想の灰皿」を求めて試行錯誤するが、解決策を思いつく。「かくして、私は、実に簡単にして単純なことに気づくようになる。ハタと膝《ひざ》を打つような気持ちだった。『灰皿は自分で作ればいい』」こうしてついに氏は自ら灰皿をデザインして、京都の陶芸家で、山口文学のファンにとってはお馴染《なじ》みの竹中浩《たけなかこう》氏につくってもらった。

これでやっと解決した。出来あいの灰皿を買うよりは高価になるが、これで一生灰皿のことで頭を悩ますことがないわけで、その意味では非常に安い。

こう書くにいたってはまさしく面目躍如といった趣がある。

私はこの灰皿を見てみたいと思い続けてきた。灰皿もそうだが、変奇館と名づけたお住まいや、雑木林の庭を是非この目で見たいと氏の作品を読むたびに思い続けてきた。一方でそれは叶《かな》わない夢だとも思っていた。家の外観は見ることはできる。だが、半地下の食事室や、床から天井までの作りつけの書棚に囲まれた書斎、梅田晴夫夫人からいただいた大きな机だとかを見ることはないと思っていた。雑木林の庭にしろ、樹木は見ることはできても、そこに鎮座している小さなお地蔵さんや「是従南甲州街道」の道標を見ることはできないと考えていた。

ところが、九七年の七月に私は変奇館訪問の夢を実現することが出来た。書誌作成のために治子夫人に無理を言って、スクラップブックを拝見させていただいたのだ。このときのことは、「変奇館の主人　山口瞳評伝・書誌」のはしがきに書いたので繰り返さないが、煙草《たばこ》をとりだした私を見て治子夫人は「アラ、灰皿がないわね、もう誰も吸わないから」とおっしゃって半地下の食事室から灰皿をもってきて下さった。

なんの飾りもない白い立方体の灰皿。蓋《ふた》がついていて、正方形の穴があいているだけの白磁の灰皿である。これが「理想の灰皿」か、と思うと感無量であった。徹底して機能を追求していくとこのカタチしかない、という美しさがあった。山口瞳氏の思いがその灰皿にこめられているようだった。

こうした山口瞳氏の思いは「10　食器類」にもくっきりと現れている。

友人知人の家に遊びに行って、夕食をご馳走になると、食器類があまりにお粗末でガッカリすると書く。「醤油《しょうゆ》注ぎは、メーカーの名の入ったガラス製。ソースは瓶のまま。マヨネーズは、歯磨のチューブみたいな徳用大型が突っ立っている」と書かれてあるのを読み、私自身も赤面してしまった。わが家も全く同様であったからだ。

また、別の友人の家でやはり食事をご馳走になったとき、一枚のプラスチック製の仕切りのある皿に、ハンバーグ・ステーキも、焼魚も、煮物も、野菜も、お新香までも、その皿に盛られているのを見て卒倒しそうになった、と書いている。

食べる、飲むということに関していえば、それで全《すべ》て事足りるのである。事は足りるのであるが足りないものがある。この足りない部分が、私たちの日常の「生活」であり「味わい」というものなのではないだろうか。

山口瞳氏は女子高生を対象とした講演会で、友情とはつまるところ、利害関係で成立すると話して、総スカンを喰ったと書いたことがある。この類《たぐい》の話を他にいくつか書いていることから、計算高いとか功利的である、といった評をされることがあったが、決してそうではない。氏は生活のディティールをとても大切にする人であった。そこにはむろん、人とのつきあいも含まれている。

九九年の十月三十一日から、二〇〇〇年の一月十五日まで、国立《くにたち》郷土文化館で「くにたちを愛した山口瞳」特別展が催《ひら》かれた。私も前日の内覧会に出席させていただいたが、そのときの祝賀パーティで実施委員の方たちとお会いして、その殆《ほと》んどの方が地元国立の山口瞳氏いうところの「原住民」であることを知った。パーティそのものは質素なものであったが、手作りの暖かさ、熱気にあふれていて私は感動した。氏の書かれた国立を舞台にした小説やエッセイの世界そのままだと思った。氏はこよなく国立を愛したが、国立の町もまたそれ以上に氏を愛したのだなと沁み沁み感《しみじ》じたものだ。氏には「世相講談」という傑作がある。オール讀物の六五年一月号から六九年六月号まで連載した作品である。これほど中身がぎっしり詰まっていて手法も毎月変え、四年半毎月書くなんて、山口瞳は天才だと思った作品であるが、私はこれを短篇連作の小説だと思っていた。ところが「山口瞳大全」の内容見本を見たとき、この作品がノンフィクションとなっているのを知り、文字通り驚愕《きょうがく》した。しかしその後すぐ、これがノンフィクションであるなら、ニュージャーナリズムを十年先行した作品ではないか、と思った。それはごくふつうの生活者を、同じ視点でとらえることで真実を探りあてようとする試みであったが、この「世相講談」は見事に成功している。吉行淳之介氏は山口瞳氏を評して、「彼は『庶民の味方』ではなくて『庶民そのもの』のような人物なのである」と書き、当の山口瞳氏はそれを聞いて大喜びしたというが、氏は生活者の視点を最後まで手放さなかった稀有《けう》な作家である。氏の処女作である「江分利満氏の優雅な生活」のモティーフの一つは文化人批判であった。そのため氏は自らを文化人の立場で発言することは厳に戒めていたのではないか。国立の町とのつきあいも、一生活者としてのものであった。そうであるがゆえに、町にもそこに住む「生活者」たちにも共感をもった愛され方をされたのではないだろうか。そうでなければ、亡《な》くなった後に文学碑の建立や、大変な苦労と労力を必要とする「山口瞳展」が開催されることはなかったであろう。

それを裏づける心情吐露を、同じ項の最後にこう書いている。

私においては、お茶を飲む、食事をするという、いわば箸《はし》のあげおろしの一刻一刻が人生だという気持ちが抜きがたいものになっている。高遠なる理想は私には縁がない。むしろ、小さな食器、それを造った職人の心、そこから人類の歴史にせまりたいという気持ちが強い。

「箸のあげおろしの一刻一刻が人生だ」という思いは、山口瞳氏の生活者としての覚悟である。人生いかに生くべきか、ではない。今をどう生きるかが氏にとって最重要事項だった。そうでなければ、「どうやって死んでいったらいいのか」と自問しながら、末期ガンの苦しみのなかで「男性自身」を最後まで書き続けることはできなかったはずだ。

この書は、山口瞳氏の生きかたの作法を書いたものだ。そして、私は多くのものをこの書から学ぶことができた。

（平成十二年二月、山口瞳研究家）

この作品は昭和五十年祥伝社より刊行された。

椎名誠著

銀座のカラス（上・下）

23歳の新米編集者が突然編集長に。ええい、こうなったら酒でもケンカでも女でも仕事でも何でもこい！　なのだ。自伝的青春小説。

椎名誠著

さらば国分寺書店のオババ

「昭和軽薄体」なる言葉を生み出した革新的な文体で、その後の作家・エッセイストたちに大きな影響を与えた、衝撃的なデビュー作。

開高健
吉行淳之介著

対談 美酒について
―人はなぜ酒を語るか―

酒を論ずればバッカスも顔色なしという二人が酒の入り口から出口までを縦横に語りつくした長編対談。芳醇な香り溢れる極上の一巻。

吉行淳之介著

夕暮まで

野間文芸賞受賞

自分の人生と〝処女〟の扱いに戸惑う22歳の杉子に対して、中年男の佐々の怖れと好奇心が揺れる。二人の奇妙な肉体関係を描き出す。

吉行淳之介著

砂の上の植物群

常識を越えることによって獲得される人間の性の充足！　性全体の様態を豊かに描いて、現代人の孤独感と、生命の充実感をさぐる。

吉行淳之介著

娼婦の部屋・不意の出来事

新潮社文学賞受賞

一娼婦の運命の変遷と、〝私〟の境遇の変化を照応させつつ描いて代表作とされる「娼婦の部屋」。他に洗練された筆致の多彩な作品集。

吉行淳之介著

原色の街・驟雨

芥川賞受賞

心の底まで娼婦になりきれない娼婦と、良家に育ちながら娼婦的な女――女の肉体と精神をみごとに捉えた「原色の街」等初期作品5編。

吉行淳之介著

目　玉

白内障になった目を人工水晶体にとりかえる手術の模様を、子供のような好奇心でクールに眺める作家の視線。短編の名手が贈る7編。

開　高　健　著

地球はグラスのふちを回る

酒・食・釣・旅。――無類に豊饒で、限りなく奥深い〈快楽〉の世界。長年にわたる飽くなき探求から生まれた極上のエッセイ29編。

開　高　健　著

輝ける闇

毎日出版文化賞受賞

ヴェトナムの戦いを肌で感じた著者が、戦争の絶望と醜さ、孤独・不安・焦燥・徒労・死といった生の異相を果敢に凝視した問題作。

開　高　健　著

夏の闇

信ずべき自己を見失い、ひたすら快楽と絶望の淵にあえぐ現代人の出口なき日々――人間の《魂の地獄と救済》を描きだす純文学大作。

開　高　健　著

歩く影たち

川端康成文学賞受賞作収録

ヴェトナム・中近東・アフリカの戦場での苛烈な体験を深沈精妙なイメージの中に結晶させた中短編集。川端賞の「玉、砕ける」等9編。

宮沢章夫著
牛への道
新聞、人名、言葉に関する考察から宇宙の真理に迫る。岸田賞作家が日常の不思議な現象の謎を解く奇想天外・抱腹絶倒のエッセイ集。

宮沢章夫著
わからなくなってきました
緊迫した野球中継で、アナウンサーは、なぜこう叫ぶのか。言葉の意外なツボを、小気味よくマッサージする脱力エッセイ、満載！

遠藤周作著
ボクは好奇心のかたまり
美人女優に面談を強要する、幽霊屋敷の探険に行く、素人劇団を作る、催眠術を見物に行く。物好き精神を発揮して狐狸庵先生東奔西走。

遠藤周作著
狐狸庵閑話
風流な世捨人か、それとも好奇心旺盛な欲深爺さんか。世のため人のためには何ひとつなさずグータラに徹する狐狸庵山人の正体は？

沢村貞子著
寄り添って老後
冷静に〝老い〟を見つめつつ、夫婦二人暮らしの穏やかな日常をユーモラスにとらえる。人生を楽しく暮らしてゆくためのエッセイ集。

沢村貞子著
わたしの献立日記
毎日の献立と、ひと手間かける工夫やコツを紹介する台所仕事の嬉しい〝虎の巻〟。ふだんの暮らしを「食」から見直すエッセイ集。

丸谷才一著　裏声で歌へ君が代

息づまるような国家論の応酬。大人の恋愛。最上のユーモアとエロティシズム。スリリングな展開のうちに国家とは何かを問いかける。

丸谷才一著　笹まくら

徴兵を忌避して逃避の旅を続ける男の戦時中の内面と、二十年後の表面的安定の裏のよるべない日常にさす暗影――戦争の意味を問う。

丸元淑生著　図解豊かさの栄養学

豊かさがもたらした危険な食生活。栄養学上の問題点を図解によってわかりやすく説き、飽食の時代の正しい食事のありかたを示す。

丸元淑生
丸元康生著　図解豊かさの栄養学2
―健康の鍵・脂肪は正しくとろう―

肥満の敵、そして同時に健康の鍵、脂肪をどのようにとるか。飽食の時代の正しい食事のありかたを示す、新しい栄養学ハンドブック。

水上勉著　土を喰う日々

京都の禅寺で小僧をしていた頃に習いおぼえた精進料理の数々を、著者自ら包丁を持ち、つくってみせた異色のクッキング・ブック。

水上勉著　飢餓海峡（上・下）

貧困の底から、功なり名遂げた樽見京一郎は、殺人犯であった暗い過去をもっていた……。洞爺丸事件に想をえて描く雄大な社会小説。

向田邦子著
寺内貫太郎一家
著者・向田邦子の父親をモデルに、口下手で怒りっぽいくせに涙もろい愛すべき日本の〈お父さん〉とその家族を描く処女長編小説。

向田邦子著
思い出トランプ
日常生活の中で、誰もがもっている狡さや弱さ、うしろめたさを人間を愛しむ眼で巧みに捉えた、直木賞受賞作など連作13編を収録。

向田邦子著
阿修羅のごとく
未亡人の長女、夫の浮気に悩む次女、オールドミスの三女、ボクサーと同棲中の四女。四人姉妹が織りなす、哀しくも愛すべき物語。

向田邦子著
男どき女どき
どんな平凡な人生にも、心さわぐ時がある。その一瞬の輝きを描く最後の小説四編に、珠玉のエッセイを加えたラスト・メッセージ集。

向田邦子著
あ・うん
あ・うんの狛犬のように離れない男の友情と妻の秘めたる色香。昭和10年代の愛しい日本人像を浮彫りにする著者最後のTVドラマ。

久世光彦著
一九三四年冬―乱歩
山本周五郎賞受賞
乱歩四十歳の冬、謎の空白の時……濃密なエロティシズムに溢れた短編「梔子姫」を織り込み、昭和初期の時代の匂いをリアルに描く。

向笠千恵子著
日本の朝ごはん
北海道の酪農家の食卓から沖縄のホテルの名物朝食まで、全国の朝ごはん上手、自慢の20膳。一日の始まりの一食、見直してみませんか。

山田太一著
親ができるのは「ほんの少しばかり」のこと
自分は幼い頃、どんな時幸福で、どんな時不幸だったろう。何が今の自分を育んだろう……。三児の父が、心をこめて語りつくした親子考。

杉浦日向子著
江戸アルキ帖
日曜の昼下がり、のんびり江戸の町を歩いてみませんか——カラー・イラスト一二七点とエッセイで案内する決定版江戸ガイドブック。

杉浦日向子とソ連編著
もっとソバ屋で憩う
——きっと満足123店——
おいしいソバと酒を求めて、行ってきました123店。全国の「ソ中（ソバ屋中毒）」に贈ります。好評『ソバ屋で憩う』の21世紀改訂版。

杉浦日向子著
百物語
江戸の時代に生きた魑魅魍魎たちと人間の、滑稽でいとおしい姿。懐かしき恐怖を怪異譚集の形をかりて漫画で描いたあやかしの物語。

山本夏彦著
世間知らずの高枕
浮世を観察して幾星霜、鋭い切り口で世事万般に迫る。よくぞいってくれました。キレがあってコクがある辛口コラム一五〇編を収録。

礼《れい》儀《ぎ》作《さ》法《ほう》入《にゅう》門《もん》

新潮文庫　や－7－30

平成十二年四月一日発行
平成十四年十一月十五日八刷

著者　山《やま》口《ぐち》瞳《ひとみ》
発行者　佐藤隆信
発行所　株式会社新潮社
郵便番号　一六二－八七一一
東京都新宿区矢来町七一
電話　編集部(〇三)三二六六－五四四〇
読者係(〇三)三二六六－五一一一

価格はカバーに表示してあります。

乱丁・落丁本は、ご面倒ですが小社読者係宛ご送付ください。送料小社負担にてお取替えいたします。

印刷・東洋印刷株式会社　製本・憲専堂製本株式会社

ISBN4-10-111130-8 C0195